Prosa moderna

del mundo hispánico

Second Edition

Prosa moderna del mundo hispánico
Second Edition

Carol Wasserman, Ph.D.

Associate Professor of Spanish
Borough of Manhattan Community College of CUNY

Marvin Wasserman

Former Chairman of the Department of Foreign Languages
Susan E. Wagner High School, Staten Island, New York

AMSCO SCHOOL PUBLICATIONS, INC.,
a division of Perfection Learning®

© 1972, 1997 by Amsco School Publications, Inc.,
a division of Perfection Learning®

Please visit our Web sites at:
www.amscopub.com and *www.perfectionlearning.com*

When ordering this book, please specify:
Softcover: ISBN 978-1-56765-456-1 or **1368901**

21 22 23 24 25 PP 23 22 21 20 19

Printed in the United States of America

Preface

In this new reader we have tried to keep the original tone of Prosa de la España moderna, omitting some of the original material and substituting works from the following Latin American countries: Mexico, Cuba, Puerto Rico, Uruguay, and Chile. In a text limited to ten stories, it is impossible to represent every Spanish-speaking country, and we hope that our readers will accept our choices. As in the former book, the stories were selected "for their enduring relevance to the world of the young adult of our times." This text is suitable for use in fourth-year and Advanced Placement high-school classes, as well as for intermediate college classes. Again, all the stories are unabridged, so the student knows he or she is reading an untouched work.

Definitions of difficult words and expressions are glossed, and, based on the frustrating experiences of the authors who have dealt all these years with students who have struggled with footnotes in Spanish, the meanings are given in English. This is more of a practical solution than of a yielding to student pressure. The introductions to the stories are brief and are written in English so that students and teacher can plunge more rapidly into the works.

Each story is followed by the same types of exercises: multiple-choice comprehension questions, questions based on the content, questions for discussion that may be answered orally or in written form (and here the student is given the opportunity to perfect his or her oral and writing skills), and finally, completion questions to test the student's mastery of the glossed vocabulary.

The authors wish to thank many of their students whose input has contributed to the revision of the original text. Our thanks also go to our many friends and colleagues who have supported our efforts, and especially to Dr. Evelyn DeJesús who placed her extensive personal library of Puerto Rican literature at our disposal.

ACKNOWLEDGMENTS

Grateful acknowledgment is made to the following sources for permission to reprint copyrighted material:

Pages 13 and 21 "Los chicos" and "Bernardino" by Ana María Matute. From Ediciones Destino.

Page 53 "Miércoles" by Cristina Peri Rossi. From Editorial Seix Barral.

In other cases, permission was directly obtained from the authors or their agents.

Our special gratitude to Fondo de Cultura Económica, Editorial Sudamericana, and Ediciones Universal for their assistance on our search for permissions.

Table of Contents

Literary Vocabulary

Two alphabetized lists of literary vocabulary will follow. The first list will be Spanish to English and the second list will be English to Spanish. These lists should help the student to have meaningful discussions and write effective themes about the material read.

Spanish–English

a causa de because of

a raíz de as a result of

acordarse de (recordar) to remember

al pie de la letra literally

al principio at the beginning

ambiente *m.* atmosphere, background

antecedentes *m. pl.* background (events leading up to)

argumento *m.* (**trama** *f.*) plot

autor, -ora *m., f.* author

carácter *m* character (person's personal character: see **personaje**)

característica *f.* characteristic

cita *f.* quote, quotation

citar to quote

consistir en to consist of

contar to tell (a story)

crear to create

creer to believe, think

cuento *m.* story (**cuenta** is a bill or account)

dar énfasis to emphasize

darse cuenta de to realize (mentally)

desarrolar(se) to develop

desarrollo *m.* development

desempeñar un papel (hacer un papel) to play a role

desenlace *m.* outcome, result, dénouement

destacarse to stand out

diferenciarse to differ (**¿en que se diferencia... de?** how does... differ from? (also **diferirse de**)

disputa *f.* argument (dispute) (**argumento** means plot)

escena *f.* scene, stage

escenario *m.* setting, scenario

escritor, -ora *m., f.* writer

estado de ánimo *m.* state of mind

estar de acuerdo con to agree with

estilo *m.* style

éxito *m.* success; tener éxito to be successful

experiencia *f.* experience

experimentar to experience, to feel

figuradamente figuratively

fondo *m.* background (physical)

gente *f.* people (takes a singular verb)

gentes *f. pl.* (razas) races, nations (of people)

había there was, there were

hablar de to tell about

habrá there will be (singular and plural)

hacer un papel (desempeñar un papel) to play a role

hay there is, there are

héroe *m.* hero

heroína *f.* heroine

inverosímil unlikely (inverosimilitud *f.* unlikeliness)

lograr to achieve; (lograr + infin. to succeed in)

metáfora *f.* metaphor

monólogo *m.* monologue

narrador, -ora *m., f.* narrator

novelista *m., f.* novelist

obra *f.* work

ocurrir to happen

olvidar, olvidarse de to forget

origen *m.* background (origin)

paisaje *m.* countryside, landscape

parecerse a to resemble (¿en qué se parece...a? how does...resemble...?)

pasado *m.* background (past life)

pasar to happen

pensar en to think of; (pensar + infin. to intend to)

personaje *m.* character (in a book, play, etc.) (carácter is a person's character)

pertenecer to belong

pintar to depict

reaccionar ante to react to

realizar to realize (one's dreams, ambitions, etc.)

rechazo rejection

recordar (acordarse de) to remember

recurrir a to have recourse to, to resort to

referirse a to refer to

reflejar to reflect

relacionar(se) con to relate to

sentido *m.* sense

ser (*noun*) *m.* being

significado *m.* meaning

símil *m.* simile, comparison

soler + infin. to be accustomed to, to generally do something

suceder (ocurrir) to happen

suceso *m.* event, happening

tema *m.* theme, idea

tener lugar to take place

titularse to be titled, to have a title

trama *f.* (argumento) plot

tratar de to deal with (**El cuento trata de**... The story deals with...)

tratarse de to be a question of (**Se trata** de mi vida. It is a question of my life.)

verosímil true-to-life, plausible (**verosimilitud** *f.* likeliness)

vincular (**relacionar**) to link

English–Spanish

accustomed (**be accustomed to**) soler + infin.

achieve lograr

agree estar de acuerdo

atmosphere ambiente *m.*, medio *m.* (**physical atmosphere** atmósfera *f.*)

author autor, -ora m. *f.*

background (atmosphere) ambiente *m.*, medio *m.*

background (events leading up to) antecedentes *m. pl.*

background (experience) experiencia *f.*

background (origin) origen *m.*

background (past life) pasado *m.*

background (physical) fondo *m.*

because porque; **because of** a causa de

beginning: **at the beginning** al principio

being (*noun*) ser *m.*

believe creer

belong pertenecer

character (in a book, etc.) personaje *m.*

character (one's personal character) carácter *m.*

characteristic característica *f.*

comparison comparación *f.*, símil *m.*

consist of consistir en

countryside paisaje *m.*

create crear

deal with (to be about) tratar de

depict pintar

develop desarrollar(se); **development** desarrollo *m.*

differ diferenciarse; diferirse (de)

emphasize dar énfasis

event suceso *m.*

experience (*noun*) experiencia *f.*; (*verb*) experimentar

figuratively figuradamente

forget olvidar, olvidarse de

happen suceder, ocurrir

happening suceso *m.*

hero héroe *m.*

heroine heroína *f.*

idea idea *f.*, tema *m.*

intend pensar + infin.

landscape paisaje *m.*

likeliness verosimilitud *f.*

link vincular, relacionar

literally al pie de la letra

meaning significado *m.*

metaphor metáfora *f.*

monologue monólogo *m.*

narrator narrador, -ora *m.,f.*

novelist novelista *m., f.*

outcome desenlace *m.*, resultado *m.*

people gente *f.* (takes singular verb) (gentes means nations or races of people)

place lugar *m.*; to take place tener lugar

plausible verosímil

play (a role) hacer (desempeñar) un papel

plot argumento *m.* , trama *f.*

question (something asked) pregunta *f.*; (matter) cuestión *f.*

question (to be a question of) tratarse de

quote, quotation cita *f.* quote (*verb*) citar

react to reaccionar ante

realize (mentally) darse cuenta de; realize (one's dreams, ambitions, etc.) realizar

recourse recurso *m.* to have recourse to recurrir a

refer to referirse a

reflect reflejar

relate to relacionar(se) con

remember recordar, acordarse de

resemble parecerse a

resort to recurrir a

result resultado *m.*; as a result of a raíz de

scenario escenario *m.*

scene escena *f.*

sense sentido *m.*

setting escenario *m.*

simile símil *m.*

stand out destacarse

state of mind estado de ánimo *m.*

story cuento *m.* (cuenta is a bill or account)

style estilo *m.*

succeed in (-ing) lograr + infin.

success éxito; to be successful tener éxito

tell contar (a story) otherwise use decir; to tell about hablar de

theme tema *m.*

there is hay; there was (were) había (hubo), there will be habrá; there would be habría

think of pensar en

title título *m.* to be titled (have a title) titularse

true to life verosímil

unlikely inverosímil; unlikeliness inverosimilitud *f.*

work (of art, literature, done by construction workers) obra *f.* (otherwise use *trabajo m.*)

writer escritor, -ora *m., f.*

Manuel Zeno Gandía

Manuel Zeno Gandía, who receives the distinction of being one of the greatest novelists of Puerto Rico, has also stood out as a poet, historian, journalist, and politician. He was born in Arecibo, Puerto Rico in 1855, and died in San Juan in 1930. The former Governor of Puerto Rico, Luis Muñoz Marín, proclaimed the year of 1955 as the year of the commemoration of the centennial of the birth of Manuel Zeno Gandía. Marín is quoted as follows: "Manuel Zeno Gandía is one of our first novelists to examine the Puerto Rican society of his epoch and to diagnose its ills."

The story that follows is taken from an anthology of Gandia's short stories, many of which first appeared in magazines. *Un caso inverosímil* tells about the actions of a good samaritan who allegedly tries to undo the evil actions of several people in his town. You the reader are asked to judge his actions along with the prosecuting attorney of the story.

Un caso inverosímil

inverosímil implausible, unlikely

El Señor Juan estaba en la silla de los testigos y **habíale advertido** el **fiscal** que contestara a sus preguntas **ateniéndose a los hechos**, pero que si quería referir detalles de lo que supiera acerca del niño Almadín, que podía hacerlo.

Era aquél un **proceso** muy **singular**. **Se estaba tramitando** y todavía no tenía clasificación ni acusado. **Ignorábase** si se trataba de un **conato** de infanticidio, o de un abandono de menores, o de un secuestro frustrado; y en cuanto a delincuentes, sólo había vagas sospechas que no bastaban para formular acusación.

Habían declarado ya el señor Andrés Almadín padre, su esposa y una criada de la casa; el señor Andrés Almadín hijo, su esposa Viviana, y el doctor Santa Lucía, médico de la **población**.

De los primeros sólo obtuvo el fiscal respuestas evasivas. No sabían nada, nada. Al preguntarles acerca del niño Almadín, contestaron que, **no obstante decirse** que aquel niño era su nieto, ellos no le conocían.

El señor Almadín hijo apenas **desplegó** los labios. A las preguntas correspondió con monosílabos; otras veces ambiguamente; y cuando le preguntaron acerca del niño Almadín, su hijo sonrió irónicamente y luego bajó la cabeza como iracundo y no contestó. Sólo cuando le interrogaron por qué **había demandado** por divorcio a su esposa, contestó, **encogiéndose de hombros**, que por disparidad de caracteres. La señora Viviana de Almadín, densamente pálida, **fue presa de notoria sobre-excitación nerviosa**, y tampoco dio luz en el asunto.

El doctor Santa Lucía dijo haber prestado servicios profesionales a Viviana y que se hallaba **puérpara** y muy delicada de salud.

habíale advertido=le había advertido had warned him
fiscal prosecutor, prosecuting attorney
ateniéndose a los hechos sticking to the facts
proceso case
singular outstanding, extraordinary
se estaba tramitando the necessary steps were being taken
ignorábase=se ignoraba it was not known
conato attempt
población town

no obstante decirse in spite of being said

desplegó opened

había demandado had sued
encogiéndose de hombros shrugging his shoulders
fue presa... nerviosa suffered from a blatant hysterical attack
puérpara recently given birth

La sala, llena de curiosos, estaba **pendiente de** la declaración del señor Juan, mientras el fiscal paseaba silencioso la mirada de uno a otro testigo, como si con ella tratara de iluminar el misterio.

—Pues bien, señor —continuó el señor Juan—. Diré todo lo que pasa, todo lo que estoy seguro que ha sucedido; y si fuera necesario, todo lo que yo creo que ha sucedido. Yo soy un hombre **de bien**. Todo el mundo me conoce. Muy pobre... un pobre músico, pero muy honrado. Tengo mujer tan vieja como yo, y seis nietos que viven conmigo.

El veintisiete de enero me levanté como de costumbre, muy temprano. Salí enseguida en busca de pan y leche para el desayuno de mi familia. Al regreso, al pasar por enfrente de la casa, que es **terrera**, en que vive el señor Almadín, el padre, ese señor anciano que está allí sentado, vi que un niño **envuelto en trapos** estaba **tirado** en el suelo del balcón. Me detuve... me quedé **asombrado**... dudé... ¡Señor fiscal, yo no me robé ese niño! Todavía está en mi casa... nadie me ha mandado que lo entregue... es cierto, pero yo no tuve la intención de **apoderarme de** hijos **ajenos**. Lo que hice fue caridad. Sí, esto es lo cierto. Subí al balcón. **Registré** al niño, que estaba **yerto** de frío; y sin **acertar con** lo que significaba aquel **hallazgo**, pensé que lo mejor era llamar a la **persiana** de los Almadín y **avisar**. Así iba a hacerlo cuando oí gran ruido dentro, voces alteradas, palabras duras. Me acerqué **cuanto pude** a la persiana y oí lo que decían. Estaban allí el señor Almadín, el padre, y su mujer y discutían con mucho calor...

Señor fiscal... yo no... tengo mala voluntad a nadie, pero quiero decirlo todo. La señora Almadín; aquélla que está allí, decía... «ésos no son más que abusos de esa... (no me atrevo a decir la palabra) después de todo lo sucedido, todavía **pretende** que **carguemos con el mochuelo**.»

Y el señor Almadín contestó: «eso es lo que quiere la muy... (otra **palabrota**)... como su marido rechaza tal hijo, ella quiere imponernos de todos modos que seamos abuelos de un nieto que no lo es...!» Y la señora Almadín volvió a decir: «ya lo dice bien claro el papelito ese que encontraste en la **faja** del niño... no lo firma pero es la **letra**, letra de ella. **Vuélvelo a leer.**» Y el viejo Almadín leyó un papel que tenía en la mano que decía... decía más o menos, así: «puesto que su hijo rechaza a su propio hijo echándome a la cara el insulto de que no es su hijo, ahí se lo dejo para que ustedes, sus abuelos, lo recojan... no quiero que muera de hambre a mi lado; además ese niño ha causado mi **desgracia**,

pendiente de hanging on

de bien honest

terrera one storey

envuelto en trapos wrapped in rags
tirado stretched out, lying
asombrado astonished

apoderarme de to take possession of
ajenos belonging to someone else
registré I looked over
yerto stiff
acertar con guessing
hallazgo discovery
persiana slatted shutter
avisar notify
cuanto pude as much as I could

pretende claims
carguemos con el mochuelo we should get stuck (i.e., be left holding the baby)
palabrota swear word

faja sash
letra handwriting
vuélvelo a leer read it again

desgracia misfortune

ha desbaratado mi felicidad, y ya que su padre lo abandona, cójanlo ustedes.»

Entonces la señora Almadín se puso las manos en la cabeza y dijo: «no lo debemos recoger... **esa grandísima bribona que lo aguante**, ya que lo echó al mundo.» Y, entonces el viejo Almadín añadió: «**¡qué hemos de coger, hombre!... ¡no faltaba más!...** déjales ahí; **echa la llave a la persiana y que se lo lleve y no nos fastidie...!**»

Señor fiscal... yo estaba todo conmovido, **partido el corazón**. Miré al niño ¡Tan blanco, tan lindo! ¡Dormidito como si fuera el más feliz del mundo! Y, lo declaro, lo declaro bajo **juramento**, no me pude contener. Recogí del suelo al niño, lo envolví en mi chaqueta y... me lo llevé a casa. Cuando mi mujer vio aquello exclamó **haciendo aspavientos**: «pero Juan ¿qué es eso?» Y cuando le conté el caso y mi resolución de cuidar al pobrecito, volvió a hacer aspavientos y dijo: «¿tenemos seis nietos **a cargo** y traes todavía otro muchacho?... ¿crees tú que tocando el clarinete se puede mantener tanta gente?» Yo la **aplaqué**. Ella es muy buena. De esto hace como un mes, y **ni ahora hicieran su gusto**, después de haberlo tenido este tiempo en los brazos, no soltaría el niño Almadín **ni a tres tirones**.

Guardó silencio el señor Juan, y mientras todo el mundo contemplaba uno a uno a los personajes a que había aludido el declarante, el fiscal dijo:

—¿Es eso todo, señor Juan? ¿No puede usted dar más luces a la justicia? Fíjese usted en que su situación es un poco delicada. El rumor público denunció la desaparición del niño Almadín. Intervino la policía. Preguntadas las personas a quienes se considera sus padres, dijeron que era cierto, que el niño al parecer había sido **substraído** de su casa.

La señora Viviana ha reconocido como suyo al niño que usted llevó a su casa sin **dar cuenta de ello** a la policía. El doctor Santa Lucía afirma haber ayudado a nacer un niño hijo de la señora Viviana, y no sé con cuál objeto habla de determinismos e irresponsabilidades. **Hace un mes de este suceso** y usted ha necesitado ser llamado a prestar declaración.

Los Almadín padre y madre afirman ignorar que a su puerta fuera puesto ningún niño, y niegan conocer al que dicen ser su nieto. **De modo**, señor Juan, que lo único que resulta probado y confesado es que usted **se apoderó de** un niño que en algún lugar se hallaba y lo llevó consigo, ocultando el hecho. En su casa, luego, se encuentra al niño. Una viva sospecha cae sobre usted que le presenta como secuestrador de un niño con intención de pedir por él **rescate**...

—¡Ah, no... no! Eso no es cierto. Yo...

---

ha desbaratado has ruined

esa grandísima... aguante let that big rotten woman put up with him

¡qué hemos de coger, hombre!... ¡no faltaba más! for heaven sake, what are we supposed to take? That's the last straw!

echa la llave a la persiana... fastidie...! lock up the shutter and let him be taken away and not bother us

partido el corazón my heart broken

juramento oath

haciendo aspavientos making a great fuss

a cargo to take care of

aplaqué soothed, placated

ni ahora hicieran su gusto even if they gave you the pleasure (to take him away)

ni a tres tirones no matter how hard anyone tried

substraído removed

dar cuenta de ello informing

hace un mes de este suceso this happened a month ago

de modo so

se apoderó de took possession of

rescate ransom

—¿Cómo explica usted, entonces, los hechos? ¿Piensa usted que cuando todo le hace sospechoso hemos de creerle por su palabra?

¿Es que... Bueno, entonces, entonces **vaya**, diré todo lo que pienso. He declarado lo que estoy seguro es la verdad; pero puesto que es **preciso**, aunque diga cosas que **afrenten** a otros diré ahora lo que yo creo que ha sucedido.

Una **ola** de emoción recorrió la sala **avivando** la curiosidad del **concurso**. La señora Viviana **prorrumpió en sollozos**; el señor Almadín hijo **crispó** las manos que tenía ocultas en los bolsillos; los viejos Almadín se miraron con malicia; y el fiscal, más intensa que nunca la mirada, parecía **quererla hundir en el misterio**.

—Pues lo que a mí me parece que ha sucedido —continuó el señor Juan— es lo que todo el mundo está diciendo en el pueblo sin que nadie se atreva a declararlo. Yo lo diré. **Se me acusa** y debo defenderme. Hace siete meses que el señor Almadín y la señora Viviana se casaron. Decían que se querían mucho... no sé. Lo que yo creo que ha sucedido es que un día sintió un fuerte dolor la señora Almadín. Acudió el doctor y... cuando Almadín pensaba que eran los nervios, el doctor le aseguró que no... que aquello era un **alumbramiento**. Almadín se puso como loco, desesperado. Decía que, **a los seis meses** de matrimonio no podía ser padre. Trató el doctor de calmarlo. «¿Pero es de tiempo?» preguntó Almadín. «Sí —dijo el doctor— no quiero engañarle; es tiempo y bien desarrollado... pero ¿por qué **se apura**?... soy hombre reservado... el caso no es nuevo: **se adelantaron ustedes a los acontecimientos**...» Pero Almadín gritaba frenético que no, que no, que no! Que él había respetado a su **prometida**, que como su mujer sólo la reconocía un **semestre**.

Señor fiscal: yo creo que eso sucedió. Aunque parezca imposible, aunque parezca inverosímil. ¡Qué sé yo! Almadín rompió con Viviana. Todo ha acabado entre ellos y el divorcio... La señora Viviana protestaba que era inocente, que aquello era una **calumnia**, que el niño era de verdad un Almadín.

Yo lo siento mucho, pero lo primero es lo primero. La verdad sobre todo. Lo que yo creo es que esa señora, desesperada con su desgracia, iracunda por la incredulidad de su marido, **hizo poner al niño** en el balcón de los que ella dice que son abuelos; y después... ¡miren ustedes como yo tan tontamente **me he metido** en este gran **enredo**, por tener **corazón de miga de pan** y sentir tan gran lástima de aquel niño muertecito de frío, abandonado, del que supe después que rechazaban de todas partes, que nadie quería, que lo

vaya all right, okay

preciso necessary
afrenten may outrage

ola wave
avivando stirring up
concurso crowd
prorrumpió en sollozos burst into sobs
crispó twitched
quererla hundir en el misterio to want to engulf it (la mirada) into the mystery

se me acusa I am being accused

alumbramiento childbirth
a los seis meses after six months

se apura are you worried
se adelantaron ustedes a los acontecimientos you got ahead of the happenings (i.e., you did things before you were supposed to)
prometida fiancée
semestre six months

calumnia slander

hizo poner al niño had the child put

me he metido I had gotten involved
enredo mess
corazón de miga de pan a soft heart

echaban como si fuera un perro, cuando el pobrecito es inocente de las **desdichas** de este mundo!

Señor fiscal, yo soy un hombre honrado. Lo que dije es cierto. Parece cuento, parece imposible, inverosímil, pero esto, esto es, señor fiscal, lo que ha sucedido...

Algunas horas después la ley **tomó rumbo cierto** en el caso. **Éste fue clasificado**, la acusación cayó **de lleno** sobre la señora Viviana, el niño fue depositado en poder del señor Juan.

Cuando todo fue **aclarado**, el fiscal **se abstrajo** en profunda meditación. Luego exclamó **entre dientes**.

—Sí... ese hombre tiene razón. Un caso raro, inverosímil, pero que ha sucedido... sí, que ha sucedido...

desdichas misfortunes

tomó rumbo cierto took a definite turn
éste fue clasificado it was decided
de lleno entirely

aclarado cleared up
se abstrajo became absorbed
entre dientes mumbling

I. PREGUNTAS DE OPCIÓN MÚLTIPLE

Escoja la mejor opción para completar la oración o contestar la pregunta.

1. ¿Dónde tiene lugar el cuento?
   a) en un asilo de niños abandonados
   b) en la sala de un tribunal
   c) en casa de los Almadín
   d) en el despacho de un juez

2. El señor Almadín decía que deseaba el divorcio porque
   a) él y su esposa tenían personalidades diferentes.
   b) ella lo trataba mal.
   c) ya no vivían juntos.
   d) ella padecía una enfermedad mental.

3. Al subir al balcón de los Almadín, el señor Juan
   a) oyó una disputa entre dos personas.
   b) vio que los abuelos castigaban a su nieto.
   c) empezó a conversar con los Almadín.
   d) enseguida cogió al niño y lo llevó consigo.

4. Al ver al niño, la esposa del señor Juan
   a) creyó que su marido estaba loco.
   b) quiso devolverlo a su familia.
   c) decidió llamar a la policía.
   d) se quedó muy perturbada.

5. En el tribunal el señor Juan defendía sus acciones porque
   a) no quería ir a la cárcel.
   b) sentía compasión por el niño.
   c) quería tener otro niño en la casa.
   d) su esposa amaba al niño.

II. PREGUNTAS SOBRE EL CONTENIDO

1. Al principio del cuento, ¿qué debía hacer el señor Juan?

2. ¿Por qué se consideraba singular el proceso?

3. ¿Cómo respondieron los primeros testigos?

4. ¿Qué tipo de contestación dieron los demás testigos?

5. ¿Qué esperaban del proceso los espectadores?

6. ¿Cómo se describía el señor Juan?

7. ¿Por qué salió de casa temprano el señor Juan?

8. ¿Qué vio el señor Juan al pasar por la casa de los abuelos Almadín?

9. Describa brevemente la conversación que oyó el señor Juan entre los abuelos.

10. Según el señor Juan, ¿por qué recogió al niño?

11. ¿Aceptó por fin al niño la esposa del señor Juan? ¿Por qué?

12. Según el fiscal, ¿de qué es sospechoso el señor Juan por haberse llevado al bebé?

13. ¿Qué prometió el señor Juan decir al tribunal?

14. ¿Cómo reaccionaba el público del tribunal antes del discurso del señor Juan?

15. ¿Por qué debe defenderse el señor Juan?

16. ¿Desde cuándo estaban casados el señor Almadín y la señora Viviana?

17. ¿Por qué se puso loco y desesperado el señor Almadín? ¿Qué le había contado el médico?

18. Según el señor Juan, ¿por qué fue puesto el niño en el balcón de sus abuelos?

19. ¿Qué se decidió por fin?

III. PREGUNTAS PARA LA DISCUSIÓN

1. ¿Cree Ud. que el título del cuento sea apropiado? Explique sus razones. Si Ud. cree que el título no es apropiado, ¿cómo lo cambiaría?

2. ¿Está Ud. de acuerdo con la explicación del señor Juan al final del cuento? O, ¿cree Ud. que sucedió de otro modo? Explique su opinión.

3. ¿Qué haría Ud. si se encontrara en la misma situación que el señor Juan?

4. Invente otro fin para el cuento, sustituyendo las últimas ocho líneas por sus propias palabras.

5. En nuestra sociedad existe un gran número de niños abandonados. ¿Qué piensa de esta situación? ¿Qué haría para resolver o por lo menos disminuir el problema? Dé algunas ideas específicas.

6. En su opinión, ¿es el señor Juan un hombre honrado o un simple secuestrador? Explique su respuesta.

7. ¿Engañó a su marido la señora Viviana o de verdad es suyo el niño y el marido no quiere asumir la responsabilidad en el caso? Explique su opinión dando sus razones.

IV. VOCABULARIO

The following words are taken from the glossed vocabulary of the story. Fill in each blank with a word that best completes the meaning of the sentence. You may have to change the form of some words, i.e., adjectives must agree with their nouns, verbs may have to be conjugated, nouns may be plural.

fiscal, población, asombrado, letra, desgracia, apoderarse de, hundir, apurarse, semestre, enredo, aclarar, proceso, demandar, envuelto, ajeno, avisar, registrar, persiana

1. Si Ud. ve la perpetración de un crimen, tiene que _____ a la policía.

2. El año escolar está dividido en dos _____.

3. Tenemos que _____ esta situación complicada antes de tratar de resolverla.

4. Mi amigo Juan vive en una _____ de unos 5.000 habitantes.

5. La familia sufrió una gran _____ a la muerte de Antonio.

6. Voy a abrir la _____ para que entre un poco de aire y luz.

7. Marta tiene una _____ horrible, no puedo leer su carta.

8. Hoy tiene lugar un _____ muy importante en el tribunal.

9. Los niños pobres estaban _____ en abrigos muy viejos.

10. Toda la clase quedó _____ al recibir sus notas en el último examen.

11. El dictador trató de _____ otro país más pequeño.

12. El barco se _____ en el mar durante una gran tormenta.

13. No debes meterte en asuntos _____.

14. La familia de la víctima del accidente está _____ a la compañía de aviones por dos millones de dólares.

15. No _____ Ud.; todo saldrá bien.

Ana María Matute

Ana María Matute was born in Barcelona, Spain, on July 26, 1926. She is the author of novels and short stories. Her favorite themes are children, loneliness (solitude), the Spanish Civil War, and the suffering caused by the lack of understanding of human passions, such as hatred and envy. She combines realism with poetry, external reality with real life. There is a certain pessimism in her works.

Ana María Matute's writing style is simple and clear. Her greatest skill with respect to characters is with children. She places herself inside the story with all her capacity of a woman-mother, daughter, grandmother, etc., and in this way she is able to see everything as if she had the eyes of the child himself or herself.

As you read *Los chicos*, you will clearly see the contrast between two juvenile worlds and the cruelty of one group toward the other. You will be asked to judge the savage reactions of the leader of one of these groups towards a weak member of the other group.

In *Bernardino*, you will read about a "strange" child named Bernardino who is solitary and self-absorbed and how, through a mutual affection, he earns the respect of all his peers and even the affection of some.

Los chicos

Eran sólo cinco o seis, pero así, en grupo, viniendo **carretera adelante**, se nos antojaban quince o veinte. Llegaban casi siempre a las horas **achicharradas** de la siesta, cuando el sol caía **de plano** contra el polvo y la grava **desportillada** de la carretera vieja por donde ya no circulaban camiones ni carros, ni vehículo alguno. Llegaban entre una nube de polvo, que levantaban sus pies, como las pezuñas de los caballos. Los veíamos llegar, y el corazón nos latía de prisa. Alguien, en voz baja, decía: «¡Que vienen los chicos!...» Por lo general, nos escondíamos para tirarles piedras, o huíamos.

Porque nosotros temíamos a los chicos como al diablo. En realidad, eran una de las mil formas del diablo, **a nuestro entender**. Los chicos **harapientos**, malvados, con los ojos oscuros y brillantes como cabezas de **alfiler** negro. Los chicos **descalzos** y callosos, que tiraban piedras de largo alcance, con gran **puntería**, de golpe más **seco** y duro que las nuestras. Los que hablaban un idioma **entrecortado**, desconocido, de palabras como pequeños **latigazos**, de risas como **salpicaduras de barro**. En casa nos tenían prohibido terminantemente entablar relación alguna con esos chicos. En realidad, nos tenían prohibido salir del prado, bajo ningún pretexto. (Aunque nada había tan tentador, a nuestros ojos, como saltar el muro de piedras y bajar al río, que, al otro lado, **huía** verde y oro, entre los **juncos** y los **chopos**.) Más allá pasaba la carretera vieja, por donde llegaban casi siempre aquellos chicos distintos, prohibidos.

Los chicos vivían en los alrededores del **Destacamento Penal**. Eran los hijos de los **presos** del campo, que redimían sus penas en la obra del **pantano**. Entre sus madres y ellos habían construido una extraña aldea de **chabolas** y cuevas, **adosadas** a las rocas, porque no se podían pagar el alojamiento en la aldea, donde, por otra parte, tampoco eran de-

carretera adelante on the road ahead
se nos antojaban they seemed to us
achicharradas very warm
de plano in a straight line
desportillada deteriorated

a nuestro entender as far as we could understand
harapientos ragged
alfiler pin
descalzos barefoot
puntería aim
seco sharp (dry)
entrecortado broken
latigazos whiplashes
salpicaduras de barro mudsplashings

huía ran, flowed
juncos rushes
chopos black poplars

destacamento detachment
presos prisoners
pantano dam, reservoir
chabolas huts
adosadas a leaning against

seados. «Gentuza, ladrones, asesinos...», decían las gentes del lugar. Nadie les hubiera alquilado una habitación. Y tenían que estar allí. Aquellas mujeres y aquellos niños seguían a sus presos, porque de esta manera vivían del jornal, que, por su trabajo, ganaban los penados.

Para nosotros, los chicos eran el terror. Nos insultaban, nos apedreaban, deshacían nuestros huertecillos de piedra y nuestros juguetes, si los pillaban sus manos. Nosotros los teníamos por seres de otra raza, mitad monos, mitad diablos. Sólo de verles nos venía un temblor grande, aunque quisiéramos disimularlo.

El hijo mayor del administrador era un muchacho de unos trece años, alto y robusto, que estudiaba el bachillerato en la ciudad. Aquel verano vino a casa de vacaciones, y desde el primer día capitaneó nuestros juegos. Se llamaba Efrén y tenía unos puños rojizos, pesados como mazas, que imponían un gran respeto. Como era mucho mayor que nosotros, audaz y fanfarrón, le seguíamos a donde él quisiera.

El primer día que aparecieron los chicos de las chabolas, en tropel, con su nube de polvo, Efrén se sorprendió de que echáramos a correr y saltáramos el muro en busca de refugio.

—Sois cobardes —nos dijo—. ¡Ésos son pequeños!

No hubo forma de convencerle de que eran otra cosa: de que eran algo así como el espíritu del mal.

—Bobadas —dijo. Y sonrió de una manera torcida y particular, que nos llenó de admiración.

Al día siguiente, cuando la hora de la siesta, Efrén se escondió entre los juncos del río. Nosotros esperábamos, ocultos detrás del muro, con el corazón en la garganta. Algo había en el aire que nos llenaba de pavor. (Recuerdo que yo mordía la cadenilla de la medalla y que sentía en el paladar un gusto de metal raramente frío. Y se oía el canto crujiente de las cigarras entre la hierba del prado.) Echados en el suelo, el corazón nos golpeaba contra la tierra.

Al llegar, los chicos escudriñaron hacia el río, por ver si estábamos buscando ranas, como solíamos. Y para provocarnos empezaron a silbar y a reír de aquella forma de siempre, opaca y humillante. Ése era su juego: llamarnos, sabiendo que no apareceríamos. Nosotros seguimos ocultos y en silencio. Al fin, los chicos abandonaron su idea y volvieron al camino, trepando terraplén arriba. Nosotros estábamos anhelantes y sorprendidos, pues no sabíamos lo que Efrén quería hacer.

Mi hermano mayor se incorporó a mirar por entre las piedras y nosotros le imitamos. Vimos entoces a Efrén deslizarse

gentuza low-class people

jornal daily wages

deshacían undid, destroyed
huertecillos de piedra little rock gardens
si los pillaban sus manos if their hands laid hold of them
los teníamos por we considered them
sólo de verles just seeing them
disimularlo disguise it
bachillerato high-school diploma
puños fists
mazas maces, heavy drumsticks
fanfarrón bragging, blustering
en tropel in a mad rush

bobadas foolish actions
torcida y particular twisted and peculiar
admiración wonderment, astonishment
con el corazón en la garganta with our hearts in our mouths (literally throats)
pavor fear
paladar palate
canto crujiente de las cigarras crackling singing of the locusts
escudriñaron searched
ranas frogs

opaca gloomy

trepando terraplén arriba climbing onto a mound of earth
anhelantes gasping
se incorporó sat up

deslizarse slip

entre los juncos como una gran **culebra**. **Con sigilo** trepó hacia el terraplén, por donde subía el último de los chicos, y **se le echó encima**.

Con la sorpresa, el chico **se dejó atrapar**. Los otros ya habían llegado a la carretera y cogieron piedras, gritando. Yo sentí un gran **temblor** en las rodillas, y mordí con fuerza la medalla. Pero Efrén **no se dejó intimidar**. Era mucho mayor y más fuerte que aquel diablillo negruzco que retenía entre sus brazos, y echó a correr arrastrando a su prisionero hacia el refugio del prado, donde le **aguardábamos**. Las piedras caían a su alrededor y en el río, **salpicando de agua aquella hora abrasada**. Pero Efrén saltó ágilmente sobre las **pasaderas**, y arrastrando al chico, que se revolvía furiosamente, abrió la **empalizada** y entró con él en el prado. Al verlo perdido, los chicos de la carretera **dieron media vuelta** y echaron a correr, como **gazapos**, hacia sus chabolas.

Sólo de pensar que Efren traía a una de aquellas furias, estoy segura de que mis hermanos sintieron el mismo pavor que yo. **Nos arrimamos al muro, con la espalda pegada a él**, y un gran frío nos subía por la garganta.

Efrén arrastró al chico unos metros, delante de nosotros. El chico se revolvía desesperado e intentaba morderle las piernas, pero Efrén levantó su puño enorme y rojizo, y empezó a golpearle la cara, la cabeza y la espalda. Una y otra vez, el puño de Efrén caía, con un ruido opaco. El sol brillaba de un modo espeso y grande, sobre la hierba y la tierra. Había un gran silencio. Sólo oíamos el **jadeo** del chico, los golpes de Efrén y el fragor del río, dulce y fresco, indiferente, a nuestras espaldas. El canto de las cigarras parecía haberse detenido. Como todas las voces.

Efrén estuvo mucho rato golpeando al chico con su gran puño. El chico, poco a poco, **fue cediendo**. Al fin, cayó al suelo de rodillas, con las manos apoyadas en la hierba. Tenía la carne oscura, del color del barro seco, y el pelo muy largo, de un rubio **mezclado de vetas negras**, como quemado por el sol. No decía nada y se quedó así, de rodillas. Luego, cayó contra la hierba, pero levantando la cabeza, para no **desfallecer del todo**. Mi hermano mayor se acercó despacio, y luego nosotros.

Parecía mentira lo pequeño y lo delgado que era. «Por la carretera parecían mucho más altos», pensé. Efrén estaba de pie a su lado, con sus grandes y macizas piernas separadas, **los pies calzados con gruesas botas de ante**. ¡Qué enorme y brutal parecía Efrén en aquel momento!

¿No tienes aún bastante? —dijo en voz muy baja, sonriendo. Sus dientes, con los **colmillos** salientes, brillaron al sol—. Toma, toma...

Le dio con la bota en la espalda. Mi hermano mayor retrocedió un paso y me pisó. Pero yo no podía moverme: estaba como clavada en el suelo. El chico se llevó la mano a la nariz. Sangraba, no se sabía si de la boca o de dónde.

Efrén nos miró.

—Vamos —dijo—. Éste ya tiene lo suyo.

Y le dio con el pie otra vez.

—¡Lárgate, puerco! ¡Lárgate en seguida!

Efrén se volvió, grande y pesado, despacioso, hacia la casa. Muy seguro de que le seguíamos.

Mis hermanos, como de mala gana, como asustados, le obedecieron. Sólo yo no podía moverme, no podía, del lado del chico. De pronto, algo raro ocurrió dentro de mí. El chico estaba allí, tratando de incorporarse, tosiendo. No lloraba. Tenía los ojos muy achicados, y su nariz, ancha y aplastada, vibraba extrañamente. Estaba manchado de sangre. Por la barbilla le caía la sangre, que empapaba sus andrajos y la hierba. Súbitamente me miró. Y vi sus ojos de pupilas redondas, que no eran negras sino de un pálido color de topacio, transparentes, donde el sol se metía y se volvía de oro. Bajé los míos, llena de una vergüenza dolorida.

El chico se puso en pie, despacio. Se debió herir en una pierna, cuando Efrén lo arrastró, porque iba cojeando hacia la empalizada. No me atreví a mirar su espalda, renegrida y desnuda entre los desgarrones. Sentí ganas de llorar, no sabía exactamente por qué. Únicamente supe decirme: «Si sólo era un niño. Si era nada más que un niño, como otro cualquiera».

═══════════════

le dio he hit him

me pisó stepped on me

clavada en el suelo nailed to the ground

éste ya tiene lo suyo he's already gotten what he deserves

¡Lárgate! Get out of here!

achicados small

aplastada flattened, smashed

barbilla chin

empapaba sus andrajos drenched his rags

donde el sol se metía y se volvía de oro where the sun went in and turned gold

se debió herir he must have hurt himself

renegrida black and blue

desgarrones shreds

I. PREGUNTAS DE OPCIÓN MÚLTIPLE

Escoja la mejor opción para contestar la pregunta o completar la oración.

1. ¿Cómo reaccionaban los niños al ver llegar a los chicos?
   a) Les tenían miedo.
   b) No les prestaban atención alguna.
   c) Los consideraban unos tontos.
   d) Se burlaban de su modo de vivir.

2. ¿Por qué se les prohibía a los niños salir del prado?
   a) No entendían el lenguaje de los chicos.
   b) Era difícil saltar el muro.
   c) Sus padres no querían que se asociaran con los chicos.
   d) No les gustaba a los padres el modo de vestir de los chicos.

3. Los chicos vivían allí porque
   a) eran prisioneros del campo.
   b) sus padres no podían vivir en otro lugar.
   c) tenían que trabajar en la obra del pantano.
   d) los aldeanos los aterrorizaban.

4. ¿Cuál era el plan de Efrén?
   a) Darles una lección a sus compañeros.
   b) Ir a estudiar a la ciudad.
   c) Matar a uno del los chicos.
   d) Dar miedo a sus amigos.

5. ¿Por qué empezaron a correr los demás chicos cuando su compañero y Efrén entraron en el prado?
   a) No querían ayudar a su compañero.
   b) Tenían que volver a sus casas para cenar.
   c) Fueron en busca de ayuda.
   d) Se dieron cuenta de lo que le pasaba a su compañero.

6. ¿Cómo reaccionó el chico después de ser preso por Efrén?
   a) Estaba muy enojado con Efrén y los demás niños.
   b) Mostraba muy poca emoción.
   c) Quiso atacar a Efrén
   d) Miró a los niños con terror en los ojos.

7. Después del ataque, los niños seguían a Efrén porque
   a) lo respetaban.
   b) no deseaban mirar al chico.
   c) querían oír lo que decía.
   d) tenían miedo.

8. ¿Cuáles son los últimos pensamientos de la narradora?
   a) Quería llevar al chico a su casa.
   b) Estaba furiosa con Efrén por sus malas acciones.
   c) Deseaba abrazar al chico.
   d) Se daba cuenta de lo pequeño que era el chico.

II. PREGUNTAS SOBRE EL CONTENIDO

1. ¿A qué hora del día solían llegar los chicos?

2. ¿Qué pensaban los niños de los chicos?

3. ¿Cómo se vestían los chicos?

4. ¿Cómo hablaban los chicos?

5. ¿Por dónde llegaban los niños?

6. ¿Dónde y cómo vivían los chicos?

7. ¿Qué representaban los chicos para los niños?

8. ¿Quién era Efrén y por qué estaba allí?

9. ¿Por qué le seguían los niños a Efrén?

10. ¿Cómo provocaban los chicos a los niños?

11. ¿Cómo se acercó Efrén a uno de los chicos?

12. ¿Qué les sorprendió a los demás niños?

13. ¿Cómo se sentían los niños al ver lo que hacía Efrén?

14. Describa lo que Efrén le hacía al chico.

15. ¿Cómo quedó el chico después del ataque?

16. Describa el contraste entre Efrén y el chico.

17. ¿Quién no siguió a Efrén? ¿Por qué?

18. ¿Por qué estaba la narradora llena de una «vergüenza dolorida»?

III. PREGUNTAS PARA LA DISCUSIÓN

1. La narradora dice: «Porque nosotros temíamos a los chicos como al diablo». (p. 13) Alguna vez en su vida Ud. debe de haber experimentado (experienced) este tipo de miedo. ¿Cuándo fue?

2. ¿Cuál fue su reacción tras leer las tres últimas líneas del cuento? «Sentí ganas de llorar, no sabía exactamente por qué. Únicamente supe decirme: —Si sólo era un niño. Si era nada más que un niño, como otro cualquiera». ¿Sería posible darle al cuento una conclusión alegre? ¿Cómo sería esta conclusión?

3. Ana María Matute es considerada una autora pesimista. ¿Cómo se ve este pesimismo en el cuento?

4. Ana María Matute muestra una comprensión de los niños en general. ¿Cómo se ve esto en su obra? ¿De qué modo son normales los chicos de este cuento? ¿De qué modo no son normales los chicos? Justifique su respuesta con citas del cuento y con sus propias experiencias.

5. Una persona sádica goza del sufrimiento del otro. ¿Es sádico Efrén? Explique su opinión.

6. ¿Por qué no les gusta a los aldeanos que sus hijos jueguen con los hijos de los penados? ¿Es una reacción natural? ¿Por qué? ¿Se ve algo del sistema social en este pueblo?

7. ¿Cuál era la gran atracción de los chicos para los niños? ¿Es normal ver un atractivo en lo prohibido? ¿Lo ve Ud. mismo (misma)? Justifique su opinión con citas del cuento y con referencias a su propia vida.

IV. VOCABULARIO

The following words are taken from the glossed vocabulary in the chapter. Fill in the blanks in each sentence with the words that best complete the meaning of the sentence. You may have to change the form of some words, i.e., adjectives must agree with their nouns, verbs may have to be conjugated, nouns may be plural.

paladar, jornal, puño, harapiento, anhelante, descalzo, aguardar, culebra, bachillerato, barbilla, pisar, bobada, temblor, colmillo, preso, latigazo, incorporarse, empapar

1. A la niña no le gusta llevar zapatos; siempre anda ⎯⎯⎯⎯⎯⎯⎯⎯⎯⎯.

2. Al recibir su ⎯⎯⎯⎯⎯⎯⎯⎯⎯⎯ Juan va a entrar en la universidad.

3. En ciertas partes del parque no se permite ⎯⎯⎯⎯⎯⎯⎯⎯⎯⎯ la hierba.

4. El boxeador le dio un golpe al otro boxeador con su ⎯⎯⎯⎯⎯⎯⎯⎯⎯⎯.

5. Al abrir la boca, el perro nos mostró sus ⎯⎯⎯⎯⎯⎯⎯⎯⎯⎯ grandes.

6. El viejo enfermo trataba de ⎯⎯⎯⎯⎯⎯⎯⎯⎯⎯ en la cama, pero no pudo.

7. Para hacer correr al caballo, el cochero le dio muchos ⎯⎯⎯⎯⎯⎯⎯⎯⎯⎯.

8. La policía busca a un ⎯⎯⎯⎯⎯⎯⎯⎯⎯⎯ que se ha escapado de la cárcel.

9. La madre no podía tolerar las ⎯⎯⎯⎯⎯⎯⎯⎯⎯⎯ de sus hijos.

10. Los pobres tienen que trabajar largas horas por el ⎯⎯⎯⎯⎯⎯⎯⎯⎯⎯ pequeño que reciben.

11. Al pasar por el campo, la niña fue mordida por una ⎯⎯⎯⎯⎯⎯⎯⎯⎯⎯ venenosa.

12. Al comer el chile con carne, mi padre se quemó el ⎯⎯⎯⎯⎯⎯⎯⎯⎯⎯.

13. Yo ⎯⎯⎯⎯⎯⎯⎯⎯⎯⎯ el momento oportuno para hacer mi pregunta.

14. La lluvia estaba ⎯⎯⎯⎯⎯⎯⎯⎯⎯⎯ mi ropa.

15. El pobre niño tiene que llevar ropa ⎯⎯⎯⎯⎯⎯⎯⎯⎯⎯.

Bernardino

Siempre oímos decir en casa, al abuelo y a todas las personas mayores, que Bernardino era un niño **mimado**.

Bernardino vivía con sus hermanas mayores, Engracia, Felicidad y Herminia, en «Los Lúpulos», una casa grande, rodeada de **tierras de labranza** y de un hermoso jardín, con árboles viejos agrupados formando un diminuto bosque, en la parte **lindante con** el río. La finca se hallaba en las afueras del pueblo, y, como nuestra casa, cerca de los grandes bosques comunales.

Alguna vez, el abuelo nos llevaba a «Los Lúpulos», en la pequeña **tartana**, y, aunque el camino era bonito por la carretera antigua, entre **castaños y álamos**, bordeando el río, las tardes en aquella casa no nos atraían. Las hermanas de Bernardino eran unas mujeres altas, fuertes y muy morenas. Vestían a la moda antigua —habíamos visto mujeres vestidas como ellas en el álbum de fotografías del abuelo— y se peinaban con **moños** levantados, como **roscas** de azúcar, en lo alto de la cabeza. Nos parecía extraño que un niño de nuestra edad tuviera hermanas que parecían tías, por lo menos. El abuelo nos dijo:

—Es que la madre de Bernardino no es la misma madre de sus hermanas. Él nació del segundo matrimonio de su padre, muchos años después.

Esto nos **armó** aún más confusión. Bernardino, para nosotros, seguía siendo un ser extraño, distinto. Las tardes que nos llevaban a «Los Lúpulos» nos vestían **incómodamente**, casi como en la ciudad, y debíamos jugar a juegos **necios y pesados**, que no nos divertían **en absoluto**. Se nos prohibía bajar al río, **descalzarnos** y subir a los árboles. Todo esto parecía tener una sola explicación para nosotros:

—Bernardino es un niño mimado —nos decíamos. Y no comentábamos nada más.

mimado spoiled

tierras de labranza farming land

lindante con adjoining

tartana two-wheeled round-top carriage
castaños y álamos chestnut trees and poplars

moños topknots of hair, buns
roscas coils, spirals

armó caused

incómodamente uncomfortably

necios y pesados silly and boring
en absoluto at all
descalzarnos remove our shoes

Bernardino era muy delgado, con la cabeza redonda y rubia. Iba peinado con un **flequillo ralo**, sobre sus ojos de color pardo, **fijos y huecos**, como si fuera de cristal. A pesar de vivir en el campo, estaba pálido, y también vestía de un modo un tanto **insólito**. Era muy callado, y casi siempre tenía un aire entre **asombrado y receloso**, que resultaba **molesto**. Acabábamos jugando **por nuestra cuenta** y **prescindiendo de él**, a pesar de comprender que eso era bastante incorrecto. Si alguna vez nos lo reprochó el abuelo, mi hermano mayor decía:

—Ese chico mimado... No se puede contar con él.

Verdaderamente no creo que entoces supiéramos bien lo que **quería decir** estar mimado. En todo caso, no nos atraía, pensando en **la vida que llevaba Bernardino**. Jamás salía de «Los Lúpulos» **como no fuera** acompañado por sus hermanas. **Acudía a la misa** o paseaba con ellas por el campo, siempre muy seriecito y **apacible**.

Los chicos del pueblo y los de las minas **lo tenían atravesado**. Un día, Mariano Alborada, el hijo de un **capataz**, que pescaba con nosotros en el río a las horas de la siesta, nos dijo:

—A ese Bernardino **le vamos a armar una**.

—¿Qué cosa? —dijo mi hermano, que era el que mejor entendía el lenguaje de los chicos del pueblo.

—Ya veremos —dijo Mariano, sonriendo despacito—. Algo bueno se nos presentará un día, digo yo. **Se la vamos a armar**. **Están ya en eso** Lucas Amador, Gracianín y el Buque... ¿Queréis vosotros? Mi hermano **se puso colorado** hasta las orejas.

—No sé —dijo—. ¿Qué va a ser?

—**Lo que se presente** —contestó Mariano, mientras **sacudía** el agua de sus **alpargatas**, golpeándolas contra la roca—. Se presentará, ya veréis.

Sí: se presentó. Claro que a nosotros nos cogió **desprevenidos**, y la verdad es que fuimos bastante cobardes cuando llegó la ocasión. Nosotros no odiamos a Bernardino, pero no queríamos perder la **amistad** con los de la aldea, entre otras cosas porque **hubieran hecho llegar a oídos del abuelo andanzas** que no deseábamos que conociera. Por otra parte, las escapadas con los de la aldea eran una de las cosas más atractivas de la vida en las montañas.

Bernardino tenía un perro que se llamaba «Chu». El perro debía de querer mucho a Bernardino, porque siempre le seguía saltando y moviendo su **rabito** blanco. El nombre de «Chu» venía probablemente de chucho, pues el abuelo decía

flequillo ralo thin bangs
fijos y huecos fixed and hollow
insólito unusual
asombrado y receloso frightened and fearful
molesto annoying
por nuestra cuenta on our own
prescindiendo de él leaving him out (disregarding him)

quería decir meant
la vida que llevaba Bernardino the life that Bernardino led
como no fuera unless he was
acudía a la misa he attended mass
apacible peaceful
lo tenían atravesado regarded him with bad intentions
capataz foreman
le vamos a armar una we're going to do something bad to him (Bernardino)

se la vamos a armar we'll do it to him
están ya en eso they're already involved in it
se puso colorado blushed

lo que se presente whatever turns up
sacudía he was shaking
alpargatas sandals
desprevenidos unaware

amistad friendship
hubieran... andanzas acts would have reached grandfather's ears

rabito little tail

que era un perro sin raza y que **maldita la gracia que tenía**. Sin embargo, nosotros **le encontrábamos mil**, por lo inteligente y simpático que era. Seguía nuestros juegos con mucho tacto y **se hacía querer** en seguida.

—Ese Bernardino es un **pez** —decía mi hermano—. No le da a «Chu» ni una **palmada** en la cabeza. ¡No sé cómo «Chu» le quiere tanto! Ojalá que «Chu» fuera mío...

A «Chu» le adorábamos todos, y confieso que alguna vez, con mala intención, al salir de «Los Lúpulos» intentamos atraerlo con pedazos de pastel o **terrones** de azúcar, por ver si se venía con nosotros. Pero no: en el último momento «Chu» **nos dejaba con un palmo de narices**, y se volvía saltando hacia su inexpresivo **amito**, que le esperaba quieto, mirándonos con sus **redondos** ojos de vidrio amarillo.

—Ese **pavo**... —decía mi hermano pequeño—. **Vaya** un pavo ese...

Y, la verdad, a qué negarlo, **nos roía la envidia**.

Una tarde en que mi abuelo nos llevó a «Los Lúpulos» encontramos a Bernardino raramente inquieto.

—No encuentro a «Chu» —nos dijo—. Se ha perdido, o alguien **me lo ha quitado**. En toda la mañana y en toda la tarde que no lo encuentro...

—¿Lo saben tus hermanas? —le preguntamos.

—No —dijo Bernardino—. **No quiero que se enteren**...

Al decir esto último se puso algo colorado. Mi hermano pareció sentirlo mucho más que él.

—Vamos a buscarlo —le dijo—. Vente con nosotros, y ya verás como lo encontraremos.

—¿A dónde ? —dijo Bernardino—. Ya **he recorrido** toda la finca...

—Pues afuera —contestó mi hermano—. Vente por el otro lado del **muro** y bajaremos al río... Luego, podemos ir hacia el bosque... En fin, buscarlo. **¡En alguna parte estará**!

Bernardino dudó un momento. Le estaba **terminantemente** prohibido **atravesar** el muro que **cercaba** «Los Lúpulos», y nunca lo hacía. Sin embargo, movió afirmativamente la cabeza.

Nos escapamos por el lado de la **chopera**, donde el muro era más bajo. Bernardino **le costó saltarlo**, y tuvimos que ayudarle, lo que me pareció que le humillaba un poco, porque era muy **orgulloso**.

Recorrimos **el borde del terraplén** y luego bajamos al río. Todo el rato íbamos llamando a «Chu», y Bernardino nos

---

maldita...tenía there wasn't one good thing about him
le encontrábamos mil we found a thousand of them in him
se hacía querer he won our hearts
pez "cold fish"
palmada pat, slap

terrones lumps

nos...narices disappointed us
amito little master
redondos round
pavo stupid person, dope
vaya what a

nos... envidia we were eaten away with envy

me lo ha quitado has taken him away from me

no quiero que se enteren I don't want them to find out

he recorrido I've gone through

muro wall
¡En alguna parte estará! He must be somewhere!
terminantemente absolutely
atravesar to cross
cercaba surrounded

chopera poplar grove
le costó saltarlo it was difficult for him to jump it
orgulloso proud
el borde del terraplén the edge of the embankment

seguía, **silbando de cuando en cuando**. Pero no lo encontramos.

Íbamos ya a regresar, desolados y silenciosos, cuando nos llamó una voz, desde el **caminillo** del bosque:

—¡Eh, **tropa**!...

Levantamos la cabeza y vimos a Mariano Alborada. Detrás de él estaban Buque y Gracianín. Todos llevaban **juncos** en la mano y sonreían de aquel modo suyo, tan especial. Ellos sólo sonreían cuando pensaban algo malo. Mi hermano dijo:

—¿Habéis visto a «Chu»?

Mariano **asintió** con la cabeza:

—Sí, lo hemos visto. ¿Queréis venir?

Bernardino avanzó, esta vez delante de nosotros. Era extraño: de pronto parecía haber perdido su timidez.

—¿Dónde está «Chu»? —dijo. Su voz sonó clara y firme.

Mariano y los otros echaron a correr, con un **trotecillo menudo**, por el camino. Nosotros le seguidos, también corriendo. **Primero que ninguno** iba Bernardino.

Efectivamente: ellos tenían a «Chu». Ya a la entrada del bosque vimos el **humo de una fogata**, y el corazón nos empezó a latir muy fuerte.

Habían atado a «Chu» por las **patas traseras** y le habían arrollado una **cuerda** al cuello, con un **nudo corredizo**. Un **escalofrío** nos recorrió: ya sabíamos lo que hacían los de la aldea con los perros **sarnosos** y vagabundos. Bernardino **se paró en seco**, y «Chu» empezó a **aullar**, tristemente. Pero sus aullidos no llegaban a «Los Lúpulos». Habían elegido un buen lugar.

—Ahí tienes a «Chu», Bernardino —dijo Mariano—. **Le vamos a dar de veras**.

Bernardino seguía quieto, como de piedra. Mi hermano, entoces, avanzó hacia Mariano.

—¡**Suelta** al perro! —le dijo—. ¡Lo sueltas o!...

—Tú, quieto —dijo Mariano, con el junco levantado como un **látigo**—. **A vosotros no os da vela nadie en esto**... ¡**Como digáis** una palabra voy a contarle a vuestro abuelo **lo del huerto** de Manuel el Negro!

Mi hermano retrocedió, **encarnado**. También yo noté un gran **sofoco**, pero me mordí los labios. Mi hermano pequeño empezó a **roerse las uñas**.

—Si nos das algo que nos guste —dijo Mariano— te devolvemos a «Chu».

—¿Qué queréis? —dijo Bernardino. Estaba plantado delante, con la cabeza levantada, como sin miedo. Le miramos **extrañados**. No había **temor** en su voz.

Mariano y Buque se miraron con malicia.

—Dineros —dijo Buque.

Bernardino contestó:

—No tengo dinero.

Mariano **cuchicheó** con sus amigos, y **se volvió** a él:

—Bueno, **por cosa que lo valga**...

Bernardino estuvo un momento pensativo. Luego **se desabrochó** la blusa y **se desprendió** la medalla de oro. Se la dio.

De momento, Mariano y los otros se quedaron como sorprendidos. **Le quitaron la medalla** y la examinaron.

—¡Esto no! —dijo Mariano—. Luego **nos la encuentran** y... ¡Eres tú **un mal bicho**! ¿Sabes? ¡Un mal bicho!

De pronto, les vimos furiosos. Sí; se pusieron furiosos y seguían cuchicheando. Yo veía la vena que **se le hinchaba** en la **frente** a Mariano Alborada, como cuando su padre **le apaleaba** por algo.

—No queremos tus dineros —dijo Mariano—. Guárdate tu dinero y **todo lo tuyo**... ¡Ni eres hombre ni **ná**!

Bernardino seguía quieto. Mariano le tiró la medalla a la cara. Le miraba con ojos fijos y brillantes, llenos de **cólera**. Al fin, dijo:

—**Si te dejas dar de veras** tú, en vez del chucho...

Todos miramos a Bernardino, asustados.

—No... —dijo mi hermano.

Pero Mariano nos gritó:

—¡Vosotros a callar, o lo vais a sentir...! **¿Qué os va en esto? ¿Qué os va...?**

Fuimos cobardes y **nos apiñamos** los tres juntos a un **roble**. Sentí un sudor frío en las palmas de las manos. Pero Bernardino no cambió de cara. («Ese pez...», que decía mi hermano.) Contestó:

—Está bien. **Dadme de veras**.

Mariano le miró de **reojo**, y por un momento nos pareció asustado. Pero en seguida dijo: ¡**Hala**, Buque!

Se le tiraron encima y le quitaron la blusa. La carne de Bernardino era pálida, amarillenta, y **se le marcaban mucho las costillas**. **Se dejó hacer**, quieto y flemático. Buque le **sujetó** las manos a la espalda, y Mariano dijo:

Empieza tú, Gracianín...

Gracianín tiró el junco al suelo y echó a correr, lo que enfureció más a Mariano. Rabioso, levantó el junco y dio de veras a Bernardino, hasta que se cansó.

A cada golpe mis hermanos y yo sentimos una vergüenza mayor. Oíamos los aullidos de «Chu» y veíamos sus ojos, redondos como **ciruelas**, llenos de un fuego dulce y dolorido que nos hacía mucho daño. Bernardino, en cambio, cosa extraña, parecía no sentir el menor dolor. Seguía quieto, **zarandeado**

---

cuchicheó whispered

se volvió turned

por cosa que lo valga for something equivalent

se desabrochó he unbuttoned

se desprendió he took off

le quitaron la medalla they took the medal from him

nos la encuentran they'll find it on us

un mal bicho a bad guy

se le hinchaba was beginning to swell

frente forehead

le apaleaba would beat him

todo lo tuyo everything that's yours

ná=nada

cólera anger

si te dejas dar de veras if you really let yourself be hit

¿Qué os va en esto? It's none of your business.

nos apiñamos we grouped together

roble oak tree

dadme de veras really hit me

de reojo askance, out of the corner of his eye

Hala Get on with it

se le tiraron encima they jumped on top of him

se le marcaban mucho las costillas his ribs were sticking out quite a bit

se dejó hacer he let them do it to him

sujetó fastened

ciruelas plums

zarandeado moved to and fro

solamente por los golpes, con su media sonrisa fija y **bien edu-cada** en la cara. También sus ojos seguían **impávidos**, indi-ferentes. («Ese pez», «Ese pavo», sonaba en mis oídos.)

Cuando **brotó** la primera gota de sangre Mariano se quedó con **el mimbre levantado**. Luego vimos que se ponía muy pálido. Buque soltó las manos de Bernardino, que no le ofrecía ninguna resistencia, y **se lanzó cuesta abajo**, como un **rayo**. Mariano miró de frente a Bernardino.

—Puerco —le dijo—. Puerco.

Tiró el junco con **rabia** y **se alejó**, **más aprisa de lo que hubiera deseado**.

Bernardino se acercó a «Chu». A pesar de las marcas del junco, que se inflamaban en su espalda, sus brazos y su pecho, parecía inmune, tranquilo, y **altivo**, como siempre. Lentamente desató a «Chu», que se lanzó a **lamerle la cara**, con aullidos que partían el alma. Luego, Bernardino nos miró. No olvidaré nunca **la transparencia hueca fija** en sus ojos de color de **miel**. Se alejó despacio por el caminillo, seguido de los saltos y los aullidos entusiastas de «Chu». Ni siquiera recogió su medalla. Se iba **sosegado** y tranquilo, como siempre.

Sólo cuando desapareció nos atrevimos a decir algo. Mi hermano recogió la medalla del suelo, que brillaba contra la tierra.

Vamos a devolvérsela —dijo.

Y aunque deseábamos retardar el momento de verle de nuevo, volvimos a «Los Lúpulos».

Estábamos ya llegando al muro, cuando un ruido **nos paró en seco**. Mi hermano mayor avanzó hacia los mimbres verdes del río. Le seguimos, **procurando** no hacer ruido.

Echado boca abajo, **medio oculto** entre los mimbres, Bernardino lloraba desesperadamente, **abrazado a su perro**.

Glosario:

bien educada well bred
impávidos fearless

brotó gushed forth
mimbre levantado twig raised

se lanzó cuesta abajo he lunged downhill
rayo flash of lightning

rabia rage
se alejó he moved away
más aprisa de lo que hubiera deseado faster than he would have liked to
altivo haughty, proud
lamerle la cara to lick his face

la transparencia hueca, fija the fixed, hollow transparence
miel honey
sosegado calm

nos paró en seco stopped us short

procurando trying

echado boca abajo lying face down
medio oculto half hidden
abrazado a su perro hugging his dog

I. PREGUNTAS DE OPCIÓN MÚLTIPLE

Escoja la mejor opción para contestar la pregunta o completar la oración.

1. A los niños del pueblo les extrañaba que
   a) las hermanas de Bernardino fueran mucho mayores que él.
   b) Bernardino no viviera con sus padres.
   c) la madre de Bernardino lo hubiera abandonado cuando era pequeño.
   d) Bernardino no se vistiera del mismo modo que ellos.

2. Para el narrador, una de las cosas más atractivas de la vida en las montañas eran
   a) las visitas a «Los Lúpulos».
   b) las escapadas con los de la aldea.
   c) las excursiones a las ciudades grandes.
   d) las visitas a las minas de la región.

3. ¿Por qué tomaron parte en el plan de Mariano los demás niños?
   a) No les gustaba Bernardino.
   b) No tenían otra cosa que hacer.
   c) Le tenían miedo a Mariano.
   d) Querían seguir siendo amigos de los de la aldea.

4. ¿Por qué le querían a «Chu» los niños?
   a) Jugaba con ellos.
   b) Era un perro sin raza.
   c) Siempre movía su cola.
   d) Los acompañaba a todas partes.

5. ¿Qué es lo que humillaba a Bernardino?
   a) Iba a encontrarse con Mariano.
   b) Tenía que acompañar a sus amigos.
   c) No quería encontrar a «Chu».
   d) Le era difícil subir al muro.

6. ¿Por qué se alejó Mariano «más aprisa de lo que hubiera deseado»?
   a) Bernardino no le ofrecía resistencia alguna.
   b) Se cansó de pegarle.
   c) Se dio cuenta de cuánto había herido al niño.
   d) En ese momento tuvo que volver a casa.

7. Después de recibir los golpes, ¿qué le importa más a Bernardino?
   a) El estado físico de su perro.
   b) Irse enseguida de aquel lugar.
   c) Correr en busca de sus amigos.
   d) Recoger su medalla del suelo.

II. PREGUNTAS SOBRE EL CONTENIDO

1. ¿Dónde y con quiénes vivía Bernardino?

2. Describa a las hermanas de Bernardino.

3. ¿Qué no les gustaba a los niños?

4. ¿Qué pensaban los niños de Bernardino?

5. Describa a Bernardino físicamente y en cuanto a su personalidad.

6. ¿Por qué no querían los niños jugar con Bernardino?

7. ¿Qué clase de vida llevaba Bernardino?

8. ¿Quién era Mariano Alborada?

9. ¿Cuál era el plan de Mariano?

10. ¿Quiénes eran los cómplices de Mariano?

11. ¿Quién era «Chu»?

12. ¿Cómo trataban los niños de atraer a «Chu»?

13. ¿Por qué estaba preocupado Bernardino?

14. ¿Cómo iban los niños a ayudar a Bernardino?

15. ¿Con quiénes se encontraron los niños al bajar al río?

16. ¿Dónde y cómo encontraron a «Chu»?

17. ¿Por qué no quería Mariano aceptar la medalla?

18. ¿De qué modo insultaba Mariano a Bernardino?

19. ¿Cómo reaccionó la narradora ante la escena?

20. ¿Qué quiso hacer el hermano de la narradora?

21. ¿Qué oyeron los niños mientras volvían a «Los Lúpulos»?

III. PREGUNTAS PARA LA DISCUSIÓN

1. ¿Qué representa Bernardino para los demás niños y por qué lo ven así?

2. ¿Se parece la vida de Bernardino en «Los Lúpulos» a la de los demás niños? En su opinión, ¿quién tiene una vida más apropiada para un niño, Bernardino o los demás niños? ¿Por qué?

3. Describa la escena que ven Bernardino, la narradora y sus hermanos al salir de «Los Lúpulos» y al entrar en el bosque. ¿Cuáles son las reacciones interiores y exteriores de cada uno?

4. ¿Por qué no podían negarse a tomar parte en las acciones de los niños del pueblo la narradora y sus hermanos? ¿Querían verdaderamente participar? ¿Participaron o sólo fueron espectadores? ¿Qué les pareció Bernardino durante y después de esta escena brutal?

5. ¿Por qué sienten miedo y vergüenza los hermanos desde el momento de acercarse al grupo de niños? ¿Cómo reaccionaría Ud. en semejantes circunstancias?

6. ¿Por qué se titula «Bernardino» este cuento? ¿Qué nos dice del contenido y en qué nos fija la atención? ¿Es importante el título en el estudio de un cuento? Explique su respuesta.

7. ¿Cómo refleja cada niño el ambiente en que vive? Es normal que una persona refleje su ambiente en su personalidad? ¿Cómo refleja Ud. el ambiente en que vive?

8. En los dos cuentos leídos de Ana María Matute, hemos visto la crueldad de unos niños para con otros. ¿Cómo la hemos visto? Dé Ud. ejemplos sacados de los cuentos. ¿Es verdad que los niños son tan crueles unos con otros? Justifique su respuesta.

9. Compare los dos cuentos de Ana María Matute. ¿Cuál le gustó más y por qué? Al comparar los cuentos hable de:
   a. los personajes principales
   b. las descripciones
   c. el estilo de la autora
   d. la crueldad de los jóvenes
   e. lo que nos dice cada cuento acerca de la juventud

IV. VOCABULARIO

The following words are taken from the glossed vocabulary in the chapter. Fill in the blanks in each sentence with the words that best complete the meaning of the sentence. You may have to change the form of some words, i.e., adjectives must agree with their nouns, verbs may have to be conjugated, nouns may be plural.

aullar, sujetar, látigo, bosque, miel, rabito, de veras, colorado, descalzarse, atravesar, cólera, querer decir, temor, recorrer, palmada, capataz, escalofrío, quitar

1. Hemos _____ toda la casa pero no podemos encontrar el dinero.
2. Nos gusta _____ antes de caminar en la playa.
3. ¿Me quieres _____?
4. Vamos a dar un paseo entre los árboles del _____.
5. El pobre perro enfermo empezó a _____.
6. Los ladrones le _____ el dinero.
7. El _____ de la obra daba órdenes a los trabajadores.
8. Si no te gusta el azúcar, puedes usar_____.
9. Mi perro siempre mueve el _____ cuando me ve.
10. No entiendo esa palabra. ¿Qué _____?
11. Mi padre estaba lleno de _____ cuando vio mis notas.
12. Siempre debemos _____ la calle en la esquina.
13. Hay que _____ el animal feroz con una cuerda.
14. Le di al niño una _____ en la cabeza.
15. Sentimos unos _____ al ver la película de terror.

Frank Rivera

Frank Rivera was born in Vertientes, Cuba, October 3, 1938. In 1959 he began to study journalism in Havana, and in 1961 he obtained a scholarship from "Servicio de Intercambio Académico de Alemania Federal" and moved to Munich. There he graduated with a degree in Romance and Germanic Philology in 1967. The following year he went to live in the United States. Rivera has published short stories, poems and a novel entitled *Las sabanas y el tiempo*. Rivera is cultural editor of a press agency based in New York.

The dominant element of the short stories of Frank Rivera is the consistency of style and the versatility of the genre. Behind each word we can trace an unrelenting course towards a revelation that is always cunning and often hair-raising.

In *Silencio para seis*, we see several groups of people in a café, whose conversations reveal their interesting personalities and life-styles. And, although the ending is quite surprising and shocking, the waiter of the café expresses his usual complaint that it has been a boring afternoon.

Silencio para seis

—El problema es que aquí todo se sabe enseguida.

—¿Tú crees?

—Por supuesto. La gente **se entera** de las cosas **sin que se sepa** cómo.

El hombre blanco, ligeramente grueso, se movía inquieto a un lado y a otro de su silla.

Su interlocutor, de piel bronceada, mostró su **hilera** de dientes minuciosamente blancos en una sonrisa casi irónica.

—No siempre —dijo.

Hablaban en una de las mesas del pequeño café. A un lado, la ventana ofrecía una vista parcial de lo que ocurría en la calle. Detrás del mostrador, el dependiente seguía con aire aburrido las evoluciones de dos moscas que **se perseguían mutuamente**.

Los dos hombres que hablaban en la mesa junto a la ventana se interrumpieron brevemente al ver entrar en el café a una joven delgada, que se detuvo un momento indecisa en medio del **local** y luego se sentó en una mesa **del fondo**.

El camarero se acercó a ella con una sonrisa mecánica.

—¿**Dígame**?

—Una naranjada, por favor.

El camarero volvió al interior de la barra, abrió de un golpe una de las puertas de la **nevera** y **sacó de ella** una botella de color oscuro. Regresó entoces a la mesa de la joven.

—¿Algo más?

—No, gracias.

El camarero retornó a su rincón detrás del mostrador y buscó las moscas con la vista, pero no halló ninguna. «¡Qué lugar tan aburrido!», pensó **al acodarse** junto a la barra. **Bostezó**.

El café donde trabajaba era de esos donde no ocurre nada durante meses enteros. A veces **incluso** recordaba con

se entera find out about

sin que se sepa without one's knowing

su interlocutor the person he was speaking to
hilera row

se perseguían mutuamente were following each other

local place
del fondo in the rear

¿Dígame? What will you have?

nevera refrigerator
sacó de ella took out from it

al acodarse leaning
bostezó he yawned

incluso even

nostalgia la época en que pasaban por la calle **manifestaciones** de estudiantes —la universidad **quedaba cerca**— y algunos de ellos eran **apaleados** por la policía. Esto ya era algo.
Recordaba las ocasiones en que abría las puertas del café y
escondía a algunos estudiantes en el **traspatio** hasta que los
policías **se marchaban**. Esto ocurría varias veces al mes,
hasta que, de pronto, todo terminó. La universidad quedó de-
sierta, sin que él pudiera saber por qué. Ahora sólo quedaban
en la ciudad el calor y el silencio, que **se combinaban** y **se
deslizaban con viscosa fluidez** por toda la calle, que llenaban
los **resquicios** y lo invadían todo, incluso ese café donde
ahora el silencio —sobre todo el silencio— parecía **presidir la
comunidad accidental** de sus tres clientes. Bostezó **nuevamente**. Eran las cuatro y diez.

Al cabo de un tiempo —que a él **se le antojó** interminable— un hombre de aspecto extraño y sombrero oscuro de
fieltro abrió la puerta de entrada y se acercó al mostrador.

—Un coñac —dijo con voz grave y un vago acento extranjero.

El camarero se interesó momentáneamente en el **recién
llegado**.

Parecía que, al fin, algo estaba a punto de ocurrir, algo
que pudiese disipar **un tanto** la monotonía de la tarde. Sirvió
el coñac rápidamente. Ninguno de los hombres que con-
versaban en la mesa próxima a la ventana parecían **advertir**
la presencia del nuevo cliente.

—Es magnífico, es una experiencia nueva que te abrirá
horizontes insospechados.

—Puede ser.

El hombre grueso continuaba **balanceándose** a un lado
y a otro de su silla, como un barco pesado.

—Estoy de acuerdo... Pero hay otros que opinan exactamente lo contrario, que lo consideran como el descenso final
en el infierno.

—Porque **no la han probado**. No es posible saber lo que
se siente si no se ha probado antes. Desde el primer día te vas
a sentir como en un mundo nuevo.

—Sí, ya me imagino. Pero yo quisiera...

—Ya sé lo que me vas a decir. El problema es que no
tienes tiempo para pensarlo. Tienes que decidirte **hoy mismo**.

Un joven de aspecto **desaliñado** entró al café y se sentó
en una mesa del fondo. Llevaba un **clavel** en un bolsillo de su
camisa **desabrochada**.

El camarero se le acercó.

—Un **cortadito** —dijo el nuevo cliente.

El hombre que había pedido un coñac en la barra **se desplazó** de pronto hacia el fondo del local.

La naranjada de la joven delgada parecía interminable. Sus ojos examinaban con avidez **todo cuanto acontecía** en el lugar y en la calle.

—Tenemos algunos **fondos** para ustedes.

—Me parece casi imposible que haya podido usted identificarme tan rápido.

—¿Con ese clavel en el bolsillo?

—Lo compré en la florería de la esquina.

—¿Cuánta gente lleva claveles en los bolsillos en esta ciudad?

Ambos rieron, un poco forzados.

—Te aseguro que yo no te habría dicho nada de esto si tú no me hubieras preguntado antes, si no hubieras **indagado** acerca de sus posibles virtudes y defectos...

—Pero es que... si tuviera sólo un día más...

Fue entonces cuando un joven alto y rubio entró al café, vaciló un segundo y se sentó finalmente junto a la joven delgada.

—Ya casi me iba —dijo ella.

—**Me he retrasado demasiado**. Lo siento.

—¿Y por qué?

—Porque, en realidad, no pensaba venir.

—¿No? ¿Después de tanto tiempo?

—Lo siento. Es la verdad.

Las moscas habían desaparecido, al menos por el momento, y el camarero sintió que el aburrimiento lo asfixiaba. Dentro de poco **podría cerrar**.

—Tenemos estos fondos para ustedes, **siempre y cuando** ustedes nos aseguren que la rebelión cambiará la orientación política del país. No nos interesa financiar un movimiento rebelde que en definitiva deje las cosas como están.

—Puede estar seguro de que sus fondos se utilizarán adecuadamente.

Un hombre de aspecto sucio, repulsivo, entró al local.

«Al fin ocurre algo en este sitio», pensó el camarero.

—¿Me puede ayudar con algo? Hoy no he desayunado.

El camarero no supo qué responder.

—Si quieres probarla, tienes que hacerlo ahora mismo, no puedo darte más **plazos**.

—¿Aquí?

—Nadie se enterará. Inhala profundamente y verás.

El camarero se dirigió automáticamente a las mesas del fondo.

—¿Otra naranjada?

---

se desplazó moved

todo cuanto acontecía everything that was happening
fondos funds

ambos both

indagado investigated

me he retrasado demasiado I'm too late

podría cerrar he could close the place
siempre y cuando provided that

plazos time limits

—No, gracias.

—Me alegro mucho de verte. Es la verdad. Pero tienes que comprender. No nos hemos visto en tres años. La gente cambia.

—Yo no he cambiado.

—Es cierto. Tú no has cambiado. Estás tan linda como antes.

—Pero entonces...

—Es imposible explicarte, no entenderías.

—¿Volverás a esa academia naval?

—**No me queda otro remedio**. Las clases empiezan la semana que viene y no tengo otra alternativa. Seré un **cautivo de la armada** hasta el final.

—¿Y después?

—Y después... ¿Quién sabe?

Los dos hombres que ocupaban la mesa próxima a la ventana se acercaron para hablarse casi en un **susurro**.

—Entonces, ¿estás de acuerdo con el precio?

—Sí. Creo que tengo lo suficiente.

El hombre de aspecto repulsivo salió finalmente del local.

—Nadie ayuda a quien realmente lo necesita —dijo **dando un portazo**—. Ni siquiera los clientes de este lugar.

—Mañana recibirán ustedes la confirmación de nuestro gobierno.

—Mil gracias. ¿Quiere otro coñac?

—No gracias.

Hubo de pronto una pausa general, como si el camarero y sus seis clientes hubiesen quedado atrapados en el gelatinoso silencio de la tarde.

«Es como si hubieran ordenado silencio para seis» pensó el camarero.

Para colmo de males, las moscas habían desaparecido totalmente. La calle estaba más tranquila que nunca. Los clientes no parecían tener el menor atractivo. Sintió que el aburrimiento **lo ahogaba** definitivamente.

—Me voy mañana. Las clases comienzan el martes.

—No te entiendo. No tienes idea de cómo he imaginado este momento. De todas las formas posibles. **Menos de ésta**.

—No puedo decirte nada más. La gente no permanece igual siempre. Al contrario. Ya te lo dije. No podría darte más detalles...

—¿No puedes decirme **siquiera** si es que has conocido a otra persona?

—¿Dónde?

—En esa academia. O **en sus alrededores**...

—Te juro que no puedo. Por favor, no me preguntes más.

No me queda otro remedio. I have no other choice.

cautivo de la armada captive of the navy

susurro whisper

dando un portazo banging the door

para colmo de males to add insult to injury

lo ahogaba was choking him

menos de ésta except this one

siquiera even

en sus alrededores around it, nearby

—¿No puedo saber siquiera si hay otra persona en tu vida? ¿Es posible que nos hayamos distanciado tanto?

—Ha sido un enorme placer verte. Quiero que sepas que te sigo queriendo como antes.

—**No hace falta** que digas nada más.

El muchacho apretó suavemente la mano de la joven sobre la mesa.

—Me ha alegrado mucho verte.

—Esperemos que nuestro **respaldo** económico ayude a sus guerrilleros y que nos veamos todos después de la victoria en el Palacio de los Congresos.

—Tengo suficiente dinero, ¿vamos ahora mismo?

—Vamos.

Como en respuesta a los efectos de un **conjuro**, los clientes de las tres mesas se levantaron y se dirigieron hacia la salida.

«Gracias a Dios» pensó el camarero. «Al fin podré cerrar.»

El dependiente había hallado al fin dos moscas que se perseguían con rapidez verdaderamente interesante.

Fue quizá **por seguir el vuelo** de las moscas que el camarero no pudo ver cómo un agente del servicio secreto se acercaba en la **acera** al joven del clavel en el bolsillo, al tiempo que un policía de uniforme **se aproximaba** al hombre de **tez** bronceada y blancos dientes.

Fue también quizá por la misma razón que no pudo ver cómo la joven bajaba por la acera y comenzaba a atravesar la amplia avenida que descendía desde las **escalinatas** de la universidad.

El ruido de la calle apenas se filtraba al interior del café, y fue por eso que tampoco pudo escuchar el **estruendo** que ocasionó un auto **al frenar** rápidamente y **abalanzarse** al fin contra el cuerpo de una joven delgada.

—Ha sido una tarde bastante aburrida —dijo en voz alta.

Bostezó.

no hace falta it is not necessary

respaldo support

conjuro spell, magical effect

por seguir el vuelo because he was following the flight
acera sidewalk
se aproximaba was approaching
tez complexion

escalinatas front steps

estruendo crash
al frenar on braking
abalanzarse to rush

I. PREGUNTAS DE OPCIÓN MÚLTIPLE

Escoja la mejor opción para contestar la pregunta o completar la oración.

1. Al principio del cuento, ¿qué hacía el dependiente?
   a) Se quedaba sentado detrás del mostrador.
   b) Observaba los movimientos de unos insectos.
   c) Hablaba con otros clientes del café.
   d) Preparaba unas bebidas para unos clientes.

2. Los dos hombres sentados junto a la ventana dejaron de hablar
   a) cuando entró una mujer en el café.
   b) para llamar al camarero.
   c) para observar las moscas volando.
   d) para cambiar de mesa.

3. ¿Qué pensaba el camarero al ver entrar al hombre del sombrero de fieltro?
   a) Ese hombre iba a atacarlo.
   b) Otra revolución iba a ocurrir.
   c) Se iba a romper por fin el aburrimiento.
   d) La policía vendría a buscar al nuevo cliente.

4. ¿Qué hacía la joven delgada mientras tomaba la naranjada?
   a) Miraba los movimientos de las moscas.
   b) Trataba de llamar la atención del camarero.
   c) Escuchaba con atención la conversación de unos clientes.
   d) Observaba lo que pasaba dentro y fuera del café.

5. ¿Por qué entró al café el hombre sucio y repulsivo?
   a) Buscaba algo que comer.
   b) Tenía que hablar con uno de los clientes.
   c) Lo perseguían unos policías.
   d) Sabía que el camarero lo ayudaría.

6. ¿Por qué se despidió el joven de su amiga?
   a) No tenía suficiente dinero para casarse con ella.
   b) Tenía que encontrarse con su familia.
   c) Había encontrado a otra novia.
   d) Debía volver a sus estudios.

II. PREGUNTAS SOBRE EL CONTENIDO

1. ¿Dónde tiene lugar este cuento?

2. ¿Quiénes son los primeros interlocutores?

3. ¿Qué pidió de beber la joven?

4. ¿Qué pensaba el camarero en cuanto al ambiente del café?

5. Describa brevemente el café.

6. ¿De qué se acordaba el camarero?

7. ¿Cuándo y por qué había escondido el camarero a los estudiantes?

8. Al terminar las manifestaciones de los estudiantes, ¿cómo quedó la ciudad?

9. ¿De qué modo hablaba el hombre extraño que entró en el café?

10. ¿De qué hablaban los dos hombres sentados cerca de la ventana?

11. ¿Cómo se sabe si se daban cuenta estos hombres de la presencia del nuevo cliente?

12. ¿Qué aspecto tenía el joven que estaba sentado en la mesa del fondo?

13. ¿Adónde se trasladó el hombre del coñac? ¿Por qué?

14. ¿Cuántas personas ya habían entrado al café antes de la llegada del hombre del clavel?

15. ¿Con quién se reunió el joven alto y rubio?

16. ¿De qué hablaban el hombre del clavel y el hombre del coñac?

17. ¿Cómo había sido identificado el hombre del cortadito?

18. ¿De qué hablaban los dos jóvenes?

19. ¿Quiénes fueron detenidos por la policía?

20. ¿Qué le pasó a la joven delgada?

21. ¿Cómo reaccionó el camarero ante lo ocurrido en el café?

III. PREGUNTAS PARA LA DISCUSIÓN

1. Explique el título del cuento. ¿Es un título apropiado? ¿Por qué sí o por qué no?

2. Si Ud. fuera el camarero del café, ¿tendría Ud. la misma reacción que el camarero del cuento cuando dice al final, «Ha sido una tarde bastante aburrida»? En su opinión, ¿por qué dice esto el camarero?

3. Hay cierta confusión en cuanto a las diferentes conversaciones. ¿En qué consiste esta confusión? ¿Cómo se sabe quiénes son los interlocutores de cada conversación?

4. ¿Tienen algo en común las tres conversaciones en el café? ¿En qué se parecen las conversaciones? ¿En qué se diferencian?

5. ¿En qué momento pensó el camarero que iba a ocurrir algo interesante? ¿Por qué lo pensó?

6. ¿Qué papel desempeña el hombre de aspecto sucio y repulsivo? ¿Cómo figura este hombre en la acción del cuento?

7. ¿Han existido en nuestro país manifestaciones de estudiantes? ¿Cuándo? ¿Por qué? Si se resolvieron, ¿de qué modo? Si no se resolvieron, ¿Por qué no?

8. ¿Cuál fue el papel del café de este cuento en las manifestaciones mencionadas? (p. 34) En su opinión, ¿cómo se resolvieron las manifestaciones?

9. ¿Cree Ud. que el camarero del café haga un papel especial en este cuento? Si su respuesta es que sí, ¿cuál es el papel y cómo lo desempeña el camarero? Si su respuesta es que no, diga por qué.

10. ¿Es posible aprender algo acerca de la personalidad o estilo de vida de un personaje a raíz de oír su conversación? Si Ud. cree que sí, indique lo que ha aprendido acerca de cada personaje mencionado en este cuento. Si cree que no, diga por qué.

IV. VOCABULARIO

The following words are taken from the glossed vocabulary of the chapter. Fill in each blank with a word that best completes the meaning of the sentence. You may have to change the form of some words, i.e., adjectives must agree with their nouns, verbs may have to be conjugated, nouns may be plural.

local, fondo, nevera, incluso, nuevamente, advertir, desaliñado, ambos, respaldo, acera, frenar, susurro, probar, resquicio, traspatio, acodarse, quedar, hilera

1. Siempre dejo mi bicicleta afuera, en el _____ de mi casa.
2. Los coches no pueden estacionarse en la _____.
3. Esos niños iban mal vestidos y _____.
4. Tienes que _____ este delicioso plato.
5. ¿_____ muy lejos de aquí tu casa?
6. Todos mis amigos, _____ Juan y Ana, están invitados a mi fiesta.
7. No se permite fumar en ese _____.
8. En la biblioteca hay que hablar en un _____.
9. _____ chicas, Dorotea y Lola, son mis hijas.
10. El Presidente necesita el _____ de todos los ciudadanos del país.
11. Yo me _____ junto a la barra cuando el camarero me preguntó qué quería tomar.
12. ¿Dónde está la leche, papá?
    Está en la _____, por supuesto.
13. El viento entraba por los _____ de las paredes.
14. El chofer pudo _____ su coche a tiempo para evitar un accidente.
15. Yo no había _____ que nadie estaba allí.

Ignacio Aldecoa

Ignacio Aldecoa, short-story writer and novelist, was born in the Basque city of Vitoria, Spain, July 24, 1925. He died in 1969. Aldecoa was a realistic writer who affirmed that there was a certain "Spanish reality" that no one had yet touched in Spanish literature, and that it was his duty as a writer to see this reality exactly as it was, and to describe it in his works. The theme of his works is the poor man, the Spanish worker, whom he depicts as an individual. The main characters of Aldecoa are usually humble beings who struggle desperately to earn their daily living in a world hostile to their needs and their deepest hopes. One of the strongest talents of Aldecoa is revealed in his ability to create natural dialogs in which we are introduced to his characters. Aldecoa's stories demonstrate his deep understanding of his oppressed people, who manage to express their good and tender essence in spite of their tremendous struggle to live in a very harsh world.

Hasta que llegan las doce tells about a typical morning in the life of a working family of Spain. The father has already gone off to work and the mother has to take care of the house, her children, and herself. At the same time she has to help her husband in his struggle to earn a living. We also see the arrival of an unexpected misfortune which will surely complicate even more the already complicated life of this family.

Hasta que llegan las doce

*A las doce menos cuarto del mediodía de ayer se **derrumbó** una casa en construcción.*
(de los periódicos)

se derrumbó caved in, collapsed

Hacía daño respirar. Las sirenas de las fábricas **se clavaban** en **el costado blanco de la mañana**. Pasaron hacia los **vertederos** los carros de la basura. Pedro Sánchez **se sopló** los dedos.

Despertó Antonia Puerto; lloraba el pequeño. Antonia abrió la ventana un poquito y entró el frío como un pájaro, **dando vueltas a** la habitación. Tosió el pequeño. Antonia cerró y el frío se fue haciendo chiquito, hasta desaparecer. También se despertó Juan, con ojos de **liebre asustada**; **dio una vuelta** en la cama y **desveló** a su hermano mayor.

Antonia cerró la ventana. La habitación olía **pesadamente**. Pasó los dedos, con las **yemas** duras, por el **cristal** con **postillas** de hielo. Tenía un sabor agrio en la boca que le producía una **muela careada**. Miró la calle, con los **charcos helados** y los montones de grava duros e **hilvanados de escarcha**. Oyó a su hijo pequeño llorar. Pedro se había marchado al trabajo. **Llevaban diez años casados**. Un hijo; cada dos años, un hijo. El primero nació muerto y ya no lo recordaba; no tenía tiempo. Después llegaron Luis, Juan, y el pequeño. Para el verano esperaba otro. Pedro trabajaba en la construcción; tuvo mejor trabajo, pero ya se sabe: las cosas... No ganaba mucho y **había que** ayudarse. Para eso estaba ella, además de para **renegar** y poner orden en la casa. Antonia hacía camisas del Ejército.

El pequeño lloraba y despertó a sus hermanos. Luis, el mayor, saltó de la cama en camisa y apresuradamente se puso los pantalones. Juan se quedó jugando con las rodillas a hacer montañas y organizar **cataclismos**.

La **orografía** de las **mantas** le hacía soñar; inventaba paisajes, imaginaba ríos en los que pudiera pescar, piedra a piedra, por supuesto, **cangrejos**. Cangrejos y arroz, por-

se clavaban en were sticking to, attaching themselves to
el costado blanco de la mañana the early part of the morning
vertederos garbage dumps
se sopló blew
dando vueltas a turning around
liebre asustada scared hare
dio una vuelta turned
desveló awoke
pesadamente strongly, heavily
yemas fingertips
cristal glass
postillas scabs, crusts
muela careada decayed tooth
charcos helados frozen puddles
hilvanados de escarcha frost-outlined
llevaban diez años casados they had been married ten years.
había que it was necessary
renegar to curse, to swear

cataclismos upheavals
orografía mountain geography
mantas blankets
cangrejos crabs

que esto era lo mejor de las excursiones domingueras del verano.

Luis ya se había lavado y el pequeño no lloraba. Entró una vecina a pedir un poco de leche —en su casa **se cortó** inexplicablemente—. Antonia se la dio. La vecina, con un brazo cruzado sobre el pecho y con el otro **recogido**, sosteniendo un **cazo abollado**, comenzó a hablar. A Juan le llegaban las voces muy confusas. La vecina decía:

—Los chicos, al nacer, tienen los huesos así... Después tienen que crecer por los dos lados **para que vuelvan a su ser**... Si crecen sólo por uno...

—¡Juan!

La voz de la madre **le sobresaltó**. Todavía intentó soñar.

—**Ya voy.**

—Levántate o **te ganas una tunda.**

Juan **no tuvo más remedio**: se levantó. La habitación estaba **pegada a** la cocina. En la habitación se estaba bien, pero luego de haber ido a la cocina no se podía volver: se comenzaba a **tiritar**.

Juan cogió el **orinal**. La voz de la madre le llegó con una nueva amenaza.

—**Cochino**. Vete al **water**.

No quería ir al **retrete** porque hacía mucho frío, pero fue; el retrete estaba en el patio. Al volver se había marchado la vecina. La madre **le agarró del pescuezo** y **le arrastró a la fregadera**:

—¡A ver cuándo aprendes a lavarte solo! Por fin desayunó.

Con la **tripa** caliente salió al patio. Sus amigos estaban jugando con unas **escobas** a barrenderos de jardines. Trazaban medios círculos y se acompañaban con onomatopeyas. Estuvo un rato mirándoles con desprecio. Se puso un momento **a la pata coja** para **rascarse un tobillo**. Sin embargo, no sacó la mano izquierda del pantalón. A poco bajó su hermano Luis **a un recado**. Decidió acompañarle.

Daba gusto subir a los montones de grava. Pararse a mirar un charco y romper el hielo con el tacón. Recoger una **caja de cerillas** vacía o un simple, triste y húmedo papel.

Antonia trabaja junto a la ventana sentada en una silla ancha y pequeña. La luz del patio es amarga; es una luz prisionera, una luz que hace bajar mucho la cabeza para coser. En el **fogón** una **olla** tiembla. Antonia deja la camisa sobre las rodillas y **abulta la mejilla con la lengua, tanteando** la muela. Hasta las diez no vuelven los chiquillos, porque se han entretenido o tal vez porque prefieren el frío de la calle al

se cortó it spoiled

recogido picked up, suspended
cazo abollado dented ladle

para que vuelvan a su ser in order for them to go back to the way they were
le sobresaltó startled him
ya voy I'm coming
te ganas una tunda you'll get a beating
no tuvo más remedio had no choice
pegada a next to
tiritar to shiver

orinal chamber pot

cochino pig
water toilet
retrete toilet

le agarró del pescuezo grabbed him by the neck
le arrastró a la fregadera dragged him to the sink
tripa gut, intestine
escobas sweeper brooms

a la pata coja with one foot in the air
rascarse un tobillo scratch an ankle
a un recado to do an errand

caja de cerillas matchbox

fogón kitchen fire
olla pot
abulta la mejilla con la lengua she widens her cheek with her tongue
tanteando exploring

encierro de la casa. Antonia les insulta con voz áspera y tierna. Luis está convicto de su falta. Juan saca los **labios bembones**.

—Y tú **no te hagas el sueco**, Juan. No seas cínico.

Luego Antonia comienza un monólogo —siempre el mismo— que la descansa. Los chicos están parados observando a su madre, hasta que **los larga** a la calle.

—Podéis iros, aquí no pintáis nada.

Juan camina lentamente hacia la puerta; **la entreabre**. Está a punto de saltar a la libertad cuando la madre le llama:

—No corras mucho; puedes sudar y enfriarte, y, ¡ya sabes!, al hospital, porque aquí no queremos enfermos.

Las dos amenazas que usa, sin resultado alguno, con sus hijos, son el hospital y el **hospicio**. Cuando no los conmueve a primera vista **echa mano del padre**:

—Se lo diré a tu padre; él te arreglará... Cuando vuelva, tu padre **te ajustará las cuentas**... **Si lo vuelves a hacer**, ya verás a las doce la que te espera.

Juan siente escalofríos por la espalda cuando le amenazan con su padre. Llegará cansado y si le pega le pegará **aburrida y serenamente**. Está seguro que le pegará sin darle importancia. No como la madre, que lo hace a conciencia y entre gritos.

Un rayo de sol **dora las fachadas**, ahora que **la niebla alta se ha despejado**. **Los gorriones se hinchan como los papos** de un niño reteniendo el aire. Un perro se estira al sol con la lengua fuera. El caballo de la **tartana** del **lechero** pega con los **cascos** en el suelo y mueve las orejas. La mañana **bosteza de felicidad**.

Juan se mete en un **solar** a vagabundear. Silba y tira piedras. Los cristales de la casa de enfrente son de un color **sanguinolento**, tal que el agua cuando se lava las narices **ensangrentadas por haberse hurgado mucho**. Las paredes de la casa contigua al solar son grises, como cuando se pone **la huella del dedo untado de saliva** en el **tabique** blanqueado. Juan sí que sabe buscar caras de **payasos** en las **manchas** de las paredes. Recuerda algún catarro en el que el único entretenimiento eran las caras de la pared.

Antonia se asoma y grita:

—Juan, sube.

—Ya voy, madre.

Pero Juan, el soñador Juan, se retrasa buscando no sabe qué por el solar.

Al fin alcanza el portal y sube. La madre, sencillamente, dice:

---

labios bembones large thick lips

no te hagas el sueco don't pretend not to hear

los larga throws them out

la entreabre leaves it half open

hospicio orphan asylum

echa mano del padre she invokes the father

te ajustará las cuentas he'll fix your wagon, he'll take care of you

si lo vuelves a hacer if you do it again

aburrida y serenamente in a bored and calm way

dora las fachadas gilds the fronts of the houses

la niebla alta se ha despejado the high fog has cleared

los gorriones se hinchan como los papos the sparrows swell like the double chin

tartana two-wheeled horse carriage

lechero milkman

cascos hoofs

bosteza de felicidad yawns with happiness

solar lot

sanguinolento bloody

ensangrentadas blood-stained

por haberse hurgado mucho because of having picked his nose a lot

la huella del dedo untado de saliva his fingerprint smeared with saliva

tabique thin wall

payasos clowns

manchas stains, spots

—Coge eso y llévalo al tendero. **Ya pasaré yo**. En cuanto a lo que hagas, puedes seguir; no te voy a decir nada.

La madre ensaya un bello gesto de ironía:

—Hasta que lleguen las doce te queda tiempo; puedes hacer lo que quieras.

Luis está sentado con el hermano pequeño en brazos. Luis sonríe porque siente que están **premiando** su virtud. Juan se asusta. Hace muchos días que no le decían esto. Sí, ahora Juan puede hacer lo que quiera, pero por muy poco tiempo: una hora, hora y cuarto todo lo más, si el padre se para a **tomar un vaso** con sus amigos. Pero le parece **difícil**, es viernes, y los viernes ni hay vino para su padre ni mucha comida para ellos. Ha tenido mala suerte. Juan no entiende de reloj. Cuando llega a la tienda con el **capazo** de su madre, pregunta al dueño:

—Por favor, ¿me dice qué hora es?

—Las once y diez, chico.

—Mi madre, que **luego pasará**.

—Bien, chico. Toma unas almendras.

El tendero es bueno y da almendras a los hijos de sus clientes. Juan **balbucea** las gracias y sale. Hoy no le interesan mucho las almendras. Las mete en un bolsillo y se dedica a **ronzar** una, mientras **cavila** en lo pronto que llegarán las doce.

Juan se sienta en el umbral de su casa a meditar lo que puede hacer. Puede hacer: volver al solar a buscar; subir a casa y pedir perdón; llegarse hasta la esquina y ver cómo trabajan unos hombres haciendo una **zanja**, subir a casa y **acurrucarse** en un rincón a esperar; entretenerse en el patio y dar voces para que su madre lo sienta cerca y juzgue que es bueno. Sí; esto último es lo que tiene que hacer.

En el patio juegan con un cajón los que antes jugaban a barrenderos.

Juan se les queda mirando con un gesto de **súplica** en los ojos. Uno de ellos, sudoroso, **jadeante**, se vuelve a él y le pregunta:

—¿Quieres jugar?

—Bueno.

Juan reparte las almendras generosamente. Antonia Puerto sigue cosiendo. De vez en cuando se levanta a atender la cocina. La olla continúa temblando y **gimiendo**. **Indefectiblemente**, al quitarle la tapa se quema los dedos. Tiene que cogerla con el **delantal**. Luis le ayuda; **enternecida**, se asoma a la ventana.

Juan se vuelve en aquel momento y sorprende a su madre. A las doce menos cuarto Juan ha ganado.

Una vecina entra de la calle y cruza el patio con rapidez. Al ver a Juan le pregunta:

—¿Está tu madre?

El chico **asiente** con la cabeza y **echa tras de ella.** Cuando llegan a su piso la vecina llama con los **nudillos,** nerviosa, rápida, telegráficante. Es como un extraño SOS. Esta llamada de **timbre,** de nudillos, de **aldaba,** que hace a los habitantes de una casa salir velozmente **con el corazón en un puño.** Aparece Antonia Puerto.

—¿Qué ha pasado, Carmen?

—**Ahora te lo digo.** Pasa, Juan. Que tienes que ir al teléfono. Te llama el capataz de la obra. A tu Pedro le ha pasado algo. Quitándose el delantal, Antonia **se abalanza escaleras abajo.**

—**Cuídate de esos.**

—No te preocupes.

Juan lo ha oído todo y empieza a llorar ruidosamente. Luis, asustado, le imita. La vecina ha cerrado la puerta.

Antonia entra en la tienda donde está el único teléfono de la calle. **No acierta a hablar:**

—Sí..., yo... ¿Ha sido mucho?... Ahora mismo.

El sol entra por el **escaparate** reflejando el rojo color de un **queso de bola** sobre el **mármol** del **mostrador.**

Las sirenas de las fábricas se levantan al cielo puro, transparente del mediodía. Han llegado las doce.

asiente nods affirmatively
echa tras de ella runs after her
nudillos knuckles
timbre bell
aldaba door knocker
con el corazón en un puño with their hearts in their mouths
ahora te lo digo I'll tell you soon
se abalanza escaleras abajo rushes down the stairs
cuídate de esos take care of them

no acierta a hablar she can't get herself to talk
escaparate the store window
queso de bola Edam cheese
mármol marble
mostrador counter

I. PREGUNTAS DE OPCIÓN MÚLTIPLE

Escoja la mejor opción para contestar la pregunta o completar la oración.

1. ¿Por qué hacía Antonia camisas del ejército?
   a) Su marido no ganaba suficiente dinero.
   b) Estaba muy aburrida.
   c) Le pagaban bien por sus servicios.
   d) No podía salir de la casa.

2. Por la mañana Antonia llamó a Juan porque
   a) la vecina quería hablar con él.
   b) su padre iba a llegar pronto a casa.
   c) el niño no quería salir de la cama.
   d) él tenía que acompañarla a la tienda.

3. ¿Qué hacía Juan en el solar?
   a) Buscaba a sus amigos.
   b) Se paseaba solo.
   c) Huía de su madre.
   d) Tiraba piedras a las ventanas.

4. ¿Para qué quería Antonia que Juan subiera a la casa?
   a) Él ya había estado en la calle demasiado tiempo.
   b) A ella no le gustaban sus amigos.
   c) Hacía mucho frío.
   d) Quería mandarlo a la tienda.

5. Después de salir de la tienda, Juan pensaba
   a) en lo que iba a hacer hasta la llegada de su padre.
   b) en volver pronto a casa para ver a su padre.
   c) en comer las almendras que le dio el tendero.
   d) en dar un paseo por el pueblo con sus amigos.

6. Juan decidió jugar en el patio
   a) para ayudar a unos trabajadores.
   b) para repartir las almendras entre sus amigos.
   c) para dar gusto a su madre.
   d) porque no quería regresar a casa.

7. Al final del cuento, ¿por qué vino la vecina buscando a Antonia?
   a) Hubo una emergencia.
   b) Uno de los niños tuvo un accidente.
   c) Quería invitarla a su casa.
   d) Una amiga suya llamaba por teléfono.

II. PREGUNTAS SOBRE EL CONTENIDO

1. ¿Hacia qué hora del día comienza el cuento?

2. ¿Quién es Antonia Puerto?

3. ¿Qué tiempo hace por la mañana?

4. ¿Cuántos hijos tiene Antonia Puerto?

5. ¿Dónde trabaja Pedro?

6. ¿Qué le gustaba a Juan hacer los domingos de verano? ¿Por qué le gustaba tanto?

7. ¿Para qué entró la vecina?

8. ¿Por qué tenía Juan que salir al patio?

9. ¿Qué hacían en el patio los amigos de Juan?

10. ¿A quién decidió acompañar Juan?

11. ¿Qué representaba para Juan salir a la calle?

12. ¿Qué hacía Antonia mientras sus hijos estaban en la calle?

13. ¿Cuáles son las tres amenazas de Antonia para con sus hijos? ¿Cuál asusta más a Juan y por qué?

14. ¿Qué contraste hay entre el castigo del padre y el de la madre?

15. ¿Qué representa el viernes para la familia?

16. ¿Por qué se asomó la madre a la ventana? ¿Cómo se sentía en ese momento?

17. ¿Qué tenía que hacer Antonia después que entró Carmen?

18. ¿Con quién dejó Antonia a sus hijos antes de salir?

19. ¿Qué cree Ud. que le digan a la madre por teléfono?

III. PREGUNTAS PARA LA DISCUSIÓN

1. ¿Cuál de los hijos parece ser el favorito de la madre? ¿Por qué?

2. Al bajar al patio, Juan estuvo mirando a sus amigos «con desprecio». (p. 44) ¿Por qué?

3. ¿Cómo se entretiene Luis? ¿Qué nos dice esto acerca de su personalidad?

4. Al subir al piso de los Sánchez, hacia el final del cuento, la vecina llama de un modo especial a la puerta. Describa el modo de llamar de la vecina y el significado que esta llamada tiene.

5. ¿Cuál es la relación entre la cita al principio del cuento y el cuento mismo?

6. Ignacio Aldecoa es un maestro en la creación del diálogo. ¿Cómo reflejan los diálogos de este cuento a los personajes?

7. Contraste Ud. a los dos hermanos. ¿Cuál de los dos le parece más real? ¿Por qué?

8. El tema de la realidad y la fantasía aparece en este cuento, sobre todo en la persona de Juan. ¿Cómo? ¿Es soñador o realista este niño? Dé Ud. ejemplos específicos. ¿Cómo se contrasta él con las otras personas de su barrio?

9. Cuando Juan sale de la tienda adonde le ha mandado su madre, piensa en lo que puede hacer para evitar el castigo. ¿Cuáles son las alternativas que tiene? ¿Qué decide hacer? ¿Logra así lo que desea?

10. ¿Cuáles son las relaciones entre los personajes y la escena, o sea, entre los personajes y el mundo en que viven?

IV. VOCABULARIO

The following words are taken from the glossed vocabulary of the chapter. Fill in each blank with a word that best completes the meaning of the sentence. You may have to change the form of some words, i.e., adjectives must agree with their nouns, verbs may have to be conjugated, nouns may be plural.

liebre, cortarse, tiritar, cerilla, asentir, hospicio, fachada, capazo, casco, solar, huella, balbucear, zanja, acurrucarse, jadeante, delantal, nudillo, escaparate, yema

1. En el _____ de la tienda vimos muchos juguetes bonitos.
2. Hace tanto frío que estamos _____.
3. Necesito una _____ para encender el fuego.
4. La policía está examinando las _____ del posible criminal.
5. El cocinero lleva un _____ para no ensuciarse la ropa.
6. A veces los niños sin padres tienen que ir al _____.
7. La leche puede _____ si la dejas en la mesa.
8. Oímos los _____ de los caballos en el camino.
9. En este _____ van a construir una casa.
10. En la _____ de esa casa hay dibujos y estatuas bonitas.
11. Andando por la calle, sin prestar mucha atención, me caí en una _____.
12. Los niños estaban _____ después de correr tanto.
13. Hay que llamar a la puerta con los _____.
14. Si Uds. están de acuerdo conmigo, tienen que _____ con la cabeza.
15. Ese material es muy delicado; hay que tocarlo con las _____ de los dedos.

Cristina Peri Rossi

Cristina Peri Rossi was born in Montevideo, Uruguay, in 1941, and in 1972 she went into exile in Spain. Her works include, novels, collections of short stories, and books of poetry. The story you are going to read is taken from a volume entitled *El museo de los esfuerzos inútiles*. In this collection of stories, Peri Rossi invites the reader to dissolve conventional norms and distort the order in the world. In this way, a strong and oppressive world can show its porousness and open itself up to freedom. The author's poetic style reinvents nature, tenderness, and love by juxtaposing harsh reality with delicate human feelings.

Miércoles could take place in any large city today that suffers from all the problems that result from the hugeness and impersonal character of a metropolis. There are only three main characters, but through these people, we slowly gain insight into the author's views of reality.

Miércoles

Iba caminando por una calle periférica de la ciudad; el *smog* me hacía arder los ojos y el ruido me aturdía, pero no sé volar, por lo cual tenía que conformarme con aquello. En medio de la agitación del tránsito y del gris del humo, escuché una voz firme y levemente aguda que, a mis espaldas, llamaba:

—Oiga, joven.

Fuera quien fuera, tuvo que elevar la voz para ser oído entre las bocinas, el chirrido de los neumáticos, las sirenas, los camiones y el rumor permanente de la civilización. Tengo la costumbre de volverme cuando alguien habla a mis espaldas. No sé por qué lo hago: casi nunca sucede algo digno de mención (nadie me persigue para darme una carta, anunciarme que gané la lotería o entregarme la escritura de propiedad de una isla del Pacífico; ni siquiera, para invitarme a un café); posiblemente es que tengo miedo a recibir un golpe o un tiro por la espalda: soy hijo de mi siglo. De modo que me volví. A un costado de la calle se elevaba uno de esos tristes y horribles edificios de apartamentos que una urbanización vulgar y barata vende a ingenuas y prolíficas familias, que han contraído el sueño de la casa propia. Ennegrecen antes de ser inaugurados, las puertas cierran mal, la humedad se cuela por las paredes y las tuberías gotean; desde las ventanas sólo se pueden ver edificios idénticos y a menudo alguien se suicida, arrojándose por ellas. Frente al edificio, cubierto por una capa de hollín, había un pequeño muro, de cal, también manchado, y dos ancianas estaban sentadas, conversando. (Nuestra ciudad, que ha encarecido tanto el espacio, carece de plazas y de parques).

—Oiga, joven —insistió una de ellas, cuando me volví.

Fragmentos de hierbas sintéticas rodeaban el muro: los decoradores modernos y los urbanistas contemporáneos las

iba caminando I was walking
calle periférica outer street
me aturdía was making me dizzy
por lo cual for which reason
tránsito traffic
levemente aguda slightly sharp
fuera quien fuera no matter who it might be
bocinas horns
el chirrido de los neumáticos the squeaking of the tires
rumor noise
volverme turning around
digno worthy
escritura de propiedad property deed
tiro shot

vulgar ordinary
ingenuas naïve, simple
casa propia one's own house
se cuela seeps
las tuberías gotean the pipes leak

capa de hollín layer of soot
cal lime
manchado stained
encarecido emphasized
carece de lacks

colocan sobre el asfalto para satisfacer el amor de la gente por la naturaleza.

Me pareció una **estampa** singular, digna de ser fotografiada: las dos ancianas de cabellos canos sentadas sobre el muro de cal, rodeadas de automóviles y de **semáforos**, tratando de conversar en medio del ruido y de las partículas de gases en suspensión, del olor a residuos de gasolina y a contaminadores químicos. Eran humildes, pero estaban decorosamente vestidas y **tenían sendos bolsos a los costados**.

—¿Podría decirme si hoy es miércoles o jueves? —me preguntó una de ellas, cuando me acerqué: la que me había llamado antes.

Era la pregunta más sorprendente que me habían hecho en la vida, y al principio, me **desconcertó**: hemos perdido el **don** de la simplicidad.

—Creo que miércoles —**balbuceé**.

—¿Qué te dije? —**reconvino** la mujer que no había hablado a la otra, con aire severo. En seguida, se dulcificó. Pasó un **camión cisterna tronando**, y el pavimento pareció sacudirse. Una ambulancia trasladaba a alguien a alguna parte, vivo o muerto.

—Estábamos discutiendo acerca de si hoy es miércoles o jueves —me explicó la anciana—. Ella insistía en que era jueves, y yo decía que era miércoles.

—Estaba confundida —admitió, humilde, la otra. Tenía los cabellos blancos y finos, largos, separados entre sí, **rizados** hacia las puntas. No sé por qué, pensé en una vieja actriz de segunda fila, retirada. Debe ser la influencia de la televisión. Los labios estaban cuidadosamente pintados, y uno podía adivinar que en otra época fueron más **gruesos**. Y sonreía con aire modesto e inocente, de mujer largamente humillada por la vida.

—Tú siempre te confundes —**rezongó** la primera, pero sin animosidad. Creo que a pesar se su dureza, la protegía un poco, quizás por el aspecto **desamparado** que tenía—. ¿Quiere sentarse? —me invitó, y se apresuró a correrse, descubriendo un **trozo** de muro vacío. Tuvo la delicadeza de sacudirlo antes, como si se tratara de una silla. Acepté. Me pareció oportuno subirme un poco los pantalones, aunque tenía un agujero en los calcetines.

—Pasamos las mañanas aquí —me informó la primera mujer, y yo pensé en un pic-nic en el campo. Un pesado autobús ocupó el trozo de la acera que teníamos más cerca y despidió una densa **bocanada de humo**. Se detuvo **con estrépito**, descendieron hombres, mujeres, niños; por alguna

---

colocan place, put

estampa sight, image

semáforos traffic lights

tenían sendos bolsos a los costados they each had their own pocketbooks at their sides

desconcertó upset
don gift
balbuceé I stammered
reconvino remonstrated
camión cisterna tank truck
tronando thundering

rizados curly

gruesos thick

rezongó growled

desamparado forsaken

trozo piece

bocanada de humo puff of smoke
con estrépito with a racket

extraña razón, en la boca del metro se concentraba el viento y **hacía volar** hojas, papeles de **diario**, residuos sucios. El **quiosco** estaba lleno de revistas; al lado, vendían **golosinas** y **maní** caliente; el resto de la **manzana** estaba ocupado por un **mastodónico** supermercado, como un animal **antediluviano**.

—Sí —**agregó** la otra—. Pasamos todas las mañanas aquí, menos el viernes; el viernes vamos a la iglesia.

Me pareció un día como cualquier otro para ir a la iglesia.

—¿Quiere un sandwiche? —me ofreció la primera mujer, sacando un paquete blanco del interior del bolso de nylon—. A esta hora siempre tenemos un poco de hambre. **A propósito**, ¿sabe qué hora es?

No tengo reloj, pero calculé que **serían las once** de la mañana. En cambio, estaba hambriento, de modo que acepté el sandwiche. Era de jamón y queso. Yo comía velozmente; ellas lo hacían más despacio, quizás tenían problemas con los dientes. Pero me miraban comer **complacidas**.

—**Hay que alimentarse** —sentenció la primera mujer, con convicción—. Siempre les digo a mis hijos: hay que comer.— Un camión pasó, cargado de tanques de oxígeno. «Alguien se está muriendo», pensé.

—Pero si tú nunca ves a tus hijos —aclaró la otra, pero en seguida **se arrepintió**.

—Los veo, sí —afirmó la primera, sin énfasis—. Me visitan dos veces al año: en Navidad y el día de mi cumpleaños. ¿Le gusta el sandwiche?

Dije que sí, y lamenté no haberlo dicho antes.

—Yo no tengo hijos —informó la otra—. Y además, me escapé del **hogar** —confesó, con **pícara** satisfacción.

—Es cierto —corroboró la primera mujer—. Hace más de un mes que se escapó. Nadie sabe dónde está.

—Nadie sabe dónde estoy —repitió la segunda mujer, sonriendo—. Pero no me buscarán. ¿Quién me buscaría?

—Nadie se ocupa de los viejos —comentó la mujer que había hablado primero.

Corroboré.

—Ni de los jóvenes —dije.

Me miraron con curiosidad, con atención.

—Es verdad —dijo la primera mujer—. Tengo un poco de agua en una botella, ¿quiere beber?

Dije que sí y me alcanzó la botella, **más un vaso de papel sin usar**. Estaba sediento. Ciento cincuenta personas —por lo menos— echaron a caminar al mismo tiempo, cuando el

hacía volar it caused to fly
diario newspaper
quiosco newspaper stand
golosinas delicacies
maní peanuts
manzana block (street)
mastodónico (mastodóntico) elephantine, huge
antediluviano (before the Biblical flood) i.e., almost pre-historic
agregó added
a propósito by the way
serían las once it was probably eleven o'clock

complacidas contentedly

hay que alimentarse you've got to feed yourself

se arrepintió regretted having said it

hogar home (probably a home for senior citizens)
pícara mischievous, roguish

más un vaso de papel sin usar plus an unused paper cup

cíclope rojo se encendió. Tuve miedo de una avalancha y, **por las dudas**, **me afirmé** contra el muro.

—Pero a mí me gustan mucho los jóvenes —agregó la primera mujer, la que parecía una actriz retirada—. Están llenos de buenos sentimientos, aunque no lo parezca —reflexionó.

—Tú qué sabes —rezongó la otra, en el exacto momento en que ochenta y tres autos **arrancaron** y echaron a correr por la **autopista**. Lejos, **divisé** el humo de un laboratorio, sobre el monte, como un volcán.

Le devolví la botella a la primera mujer.

—Los viejos —murmuró— tenemos que **arreglarnos** solos.

—Nosotros también —añadí.

—¿Viste? —dijo la mujer que había hablado en segundo lugar—. Ya te había dicho que este mundo no era bueno para los jóvenes. Ellos también tienen que escapar.

—Yo mismo —comenté— huí de mi hogar hace unos años. Y nadie me buscó.

—Pero usted estaría mejor **dotado** para **ello** —repuso la segunda mujer, **con coquetería**—. Yo tuve que escalar un muro y me rompí las medias. Las únicas que tenía.

—No te quejes: ya te conseguiré otras —ofreció la primera mujer, con dulzura— Se las robaré a mi **nuera**, ella tiene muchas, pero es una **avara**.

Ciento dos niños, **provenientes** de un colegio (uniforme marrón y medias grises) parecían dispuestos a atravesar la avenida, igual que en la jungla, los animales pequeños —inquietos y temblorosos— se disponen a dar el primer paso, el primer salto, el primer vuelo.

—**De todos modos**, fue divertido —dijo la mujer—. Pensarán que me perdí o que me he muerto.

—Este mundo no es bueno para nadie —reflexioné en voz alta.

—Por suerte, me tiene a mí, que le traigo todos los días los sandwiches —**subrayó** la primera, dirigiéndose a mí—. **Hay que ayudarse**.

—Sí, hay que ayudarse —dije.

—**No tengo ningún inconveniente en compartir** mi comida con usted —dijo la segunda.

Ahora se había producido un gran **atasco** y los conductores, exasperados, **hacían sonar las bocinas**. Largas, sostenidas, o **entrecortadas** y compulsivas, **atronaban** el aire. Algunos conductores bajaban, miraban hacia atrás, hacia adelante, volvían a subir. Los semáforos continuaban funcionando, moviendo sus ojos hacia un lado y otro, ajenos a la confusión.

---

cíclope rojo red Cyclops (i.e. the red traffic light)
por las dudas because I was in doubt (just in case)
me afirmé I steadied myself
arrancaron pulled out
autopista turnpike
divisé I noticed, caught sight of

arreglarnos take care of ourselves, fend for ourselves

dotado suited
ello it
con coquetería flirtingly

nuera daughter-in-law
avara stingy person
provenientes coming out of

de todos modos at any rate, anyway

subrayó emphasized
hay que ayudarse people have to help each other
no tengo... compartir I don't mind at all sharing
atasco traffic jam
hacían... las bocinas were blowing their horns
entrecortadas intermittent
atronaban were deafening

—Si quiere, puedo darle chocolate —me ofreció la primera mujer—. Es bueno contra el frío, tiene muchas calorías.

Acepté.

—Los jóvenes tienen mucho apetito —comentó la segunda.

—Especialmente los miércoles —agregué, por decir algo.

Les pareció muy convincente.

—Confunde los días porque **no está bien de la memoria** —me explicó la segunda.

no está bien de la memoria her memory is not good

—Eso no es cierto, Clara —corrigió la primera—. Sólo se me han olvidado algunos años de mi vida, no todos. Además, cualquiera puede confundir un día con otro.

—A mí me sucede muy a menudo —la defendí.

—Hay que tener un poco de orden —dijo la otra—. El lunes es el lunes, el martes es martes y el miércoles es el miércoles. Aunque el mundo marche mal y nadie se ocupe de los viejos, ni de los jóvenes, uno tiene que mantener la cabeza despierta.

Me pareció muy razonable. Es así: de vez en cuando **conviene** escuchar cosas razonables.

conviene it is necessary

—¿Dónde duerme, joven? —me preguntó la segunda mujer, muy amablemente.

—Aquí y allá —contesté, vagamente—. Un día en un lado, otro día en otro.

—Ya no dejan dormir en los **andenes** —informó la segunda mujer, con melancolía.

andenes station platforms

—Eso está muy mal —se indignó Clara.

—**Espantoso** —dije.

espantoso frightful

La actriz retirada había abierto su bolso y ahora tenía un pequeño mapa en la mano, de esos que **regalan** en el metro. Me indicó un punto, con la mano.

regalan they give out,

—Yo duermo allí desde que me escapé. Es una vieja estación de trenes, que ya no se usa. Hay un **sereno**, un hombre muy gentil y muy simpático. Teme perder su empleo, porque está viejo y ya nadie lo quiere. Él me deja dormir en un banco, y hasta me presta unas **mantas**. No creo que le importe si usted también quiere dormir allí alguna noche.

sereno night watchman

mantas blankets

Le agradecí muy sinceramente.

—Bueno, ahora me tengo que ir —dijo la primera mujer—. Si fuera jueves, podría quedarme un rato más, pero es miércoles.

—Ya me lo has dicho más de una vez, Clara —contestó la segunda mujer.

El atasco continuaba y no vi ningún pájaro en el cielo.

I. PREGUNTAS DE OPCIÓN MÚLTIPLE

Escoja la mejor opción para completar la oración o contestar la pregunta.

1. Al principio del cuento, mientras se paseaba por la ciudad, el joven se volvió
   a) al oír el ruido de los camiones.
   b) cuando alguien lo llamó.
   c) para buscar un café donde tomar algo.
   d) para ver un edificio viejo y sucio.

2. El joven quedó sorprendido
   a) cuando alguien le preguntó qué día era.
   b) por el aspecto físico de las mujeres.
   c) por la contaminación del aire de la ciudad.
   d) viendo lo inmensa que era la ciudad.

3. ¿A qué invitó la mujer al joven?
   a) a tomar asiento junto a ella.
   b) a tomar algo en un café cercano.
   c) a un pic-nic en el campo.
   d) a subir con ella a un autobús.

4. La conversación entre la mujer y el joven fue interrumpida por
   a) unas personas que pasaron por allí.
   b) un viento que salió del metro.
   c) un comentario de la otra mujer.
   d) la llegada de un autobús ruidoso.

5. ¿Qué le recomendó al joven la actriz retirada?
   a) un restaurante donde podría comer bien.
   b) un banco donde podría sacar dinero.
   c) un lugar donde podría pasar la noche.
   d) una tienda donde se vendía chocolate.

II. PREGUNTAS SOBRE EL CONTENIDO

1. ¿Por dónde andaba el narrador?

2. Describa la atmósfera de la ciudad.

3. ¿Qué opinión tiene la autora sobre los edificios de apartamentos?

4. ¿Dónde estaban sentadas las ancianas?

5. ¿Qué aspecto tenían las ancianas?

6. ¿Por qué le preguntó la mujer al joven qué día era?

7. Describa Ud. a la otra anciana.

8. ¿Qué le ofreció la primera mujer al joven?

9. ¿Por qué lo aceptó?

10. ¿Qué pensó el joven al ver pasar el camión cargado de tanques de oxígeno?

11. ¿De dónde se había escapado la segunda mujer?

12. ¿Qué pensaba de los jóvenes la primera mujer? ¿Por qué?

13. Según la conversación entre el joven y la primera mujer, ¿qué tienen en común los jóvenes y los viejos?

14. ¿De qué modo se ayudaban las dos mujeres?

15. Describa lo que pasaba en las calles mientras el joven conversaba con las ancianas.

16. ¿Tenía el joven un hogar fijo? ¿Cómo se sabe?

17. Según la primera mujer, ¿por qué tiene ella que irse?

III. PREGUNTAS PARA LA DISCUSIÓN

1. En este cuento la autora hace una comparación en la página 55 diciendo, «...el resto de la manzana estaba ocupado por un mastodónico supermercado, como un animal antediluviano». ¿Por qué hace esta comparación? ¿Qué representa el supermercado para la autora? Y, ¿para Ud.?

2. ¿Parece extraño que la anciana haga preguntas como «¿Sabe qué hora es?» o «¿Podría decirme si hoy es miércoles o jueves?» ¿Por qué hace este tipo de preguntas? ¿Qué importancia tienen la hora y el día en la vida de esta persona?

3. La segunda mujer le dice al joven que se ha escapado del hogar en que vivía. ¿Por qué se escapó? ¿Es preferible la vida que lleva ahora en la calle? ¿Por qué?

4. ¿Por qué cree Ud. que la autora le dio al cuento el título «Miércoles»? ¿Qué otro título podría llevar este cuento? Explique por qué.

5. ¿Qué confusión existe entre los nombres de las dos mujeres? ¿Dónde se nota la confusión? ¿Cómo podría explicarse esta confusión?

6. ¿Cómo podría relacionarse la última frase del cuento con el estado mental de las dos ancianas?

7. A veces se desarrolla un tipo de amistad o compañerismo entre las personas desalojadas (sin casa ni hogar). ¿Cómo se ve esto en este cuento? ¿Por qué se desarrolla así? ¿Ha visto Ud. esto entre los desalojados de su ciudad o pueblo? ¿Cuándo y dónde?

8. La autora describe algunos de los problemas de las ciudades grandes. ¿Cuáles son? Si Ud. fuera alcalde (alcaldesa) de una de estas ciudades, ¿cómo resolvería estos problemas?

9. En años recientes la duración media de la vida ha aumentado. ¿A qué se debe? ¿Cuáles son algunas de las ventajas y desventajas de este aumento? ¿Qué desventajas se revelan en este cuento?

IV. VOCABULARIO

The following words are taken from the glossed vocabulary of the chapter. Fill in each blank with a word that best completes the meaning of the sentence. You may have to change the form of some words, i.e., adjectives must agree with their nouns, verbs may have to be conjugated, nouns may be plural.

aturdir, bocina, tiro, tubería, manchado, carecer de, semáforo, balbucear, trozo, diario, quiosco, manzana, a propósito, alimentar, hogar, autopista, dotado, nuera, avaro, compartir, andén, espantoso, manta

1. En ese _____ se vende toda clase de revistas y periódicos.

2. La madre cubrió a su hijo enfermo con dos _____ a causa del frío.

3. Cuando los padres de José supieron que su hijo iba a casarse, le dijeron que querían conocer a su futura _____.

4. Por la _____ entre las dos ciudades circulaban muchos coches.

5. Esa mujer no está _____ para ese empleo porque no tiene suficiente experiencia.

6. Ayer todo el ruido de la calle me _____ tanto que tuve un gran dolor de cabeza.

7. Después de comer el helado, el niño tenía los pantalones _____.

8. El accidente de coches fue algo _____. Murieron tres personas.

9. El tren para Madrid va a llegar al _____ número cuatro.

10. Hoy no he traído mi libro de español. ¿Podemos _____ el tuyo?

11. _____, ¿cuándo vas a devolverme los diez dólares que te presté?

12. Mi abuela vive en un _____ de ancianos.

13. Estuvimos sin agua por dos días porque los obreros tenían que arreglar las _____.

14. Los conductores impacientes tocaban las _____.

15. Mi prima es tan _____ que no quiere prestarme cinco dólares.

16. Hoy leí en el _____ que mi equipo favorito de fútbol ganó tres partidos.

17. Hijo mío, si comes un _____ más de carne, vas a enfermarte.

18. Siempre hay buenas personas que _____ los gatos de la calle.

19. Los _____ existen para proteger a los habitantes de la ciudad al cruzar la calle.

20. Por la calle se oyeron varios _____ de revólver.

Isabel Allende

Isabel Allende, who is considered the most-read woman writer of Latin America, was born in Chile in 1942. A journalist by profession, she wrote a humorous column in her country and later on in Venezuela, where she lived after the military coup of 1973. It was during this military coup that her second cousin and president of Chile, Salvador Allende, lost his life. Her writings, which include several novels and a collection of short stories, have been translated into more than twenty-five languages. Isabel Allende has stated that in her works she wishes to tell about the tragedy of her tortured continent and the hopes of the men and women who fight for a better world. She believes in love, generosity and justice, and demonstrates the strength and concomitant tenderness of women.

The two stories that follow are part of a collection of short stories called *Cuentos de Eva Luna*. In these stories, as in most of Allende's works, we see how the author creates a world in which imagination and narrative talent complement each other in a most skillful manner. *El huésped de la maestra* tells how a mother avenges the murder of her little son. The reader is asked to judge whether or not her actions can be justified. *Cartas de amor traicionado* also deals with a mother and her son, but has a very unexpected twist that the astute reader may suspect early on in the story.

El huésped
de la maestra

La Maestra Inés entró en *La Perla de Oriente*, que a esa hora estaba sin clientes, se dirigió al mostrador donde Riad Halabí **enrollaba una tela de flores multicolores** y le anunció que **acababa de cercenarle el cuello a un huésped** de su **pensión**. El comerciante sacó un pañuelo y se tapó la boca.

—¿Cómo dices, Inés?

—Lo que oíste, turco.

—¿Está muerto?

—Por supuesto.

—¿Y ahora qué vas a hacer?

—**Eso mismo vengo a preguntarte** —dijo ella **acomodándose un mechón de cabello**.

—Será mejor que cierre la tienda —suspiró Riad Halabí.

Se conocían desde hacía tanto tiempo que ninguno podía recordar el número de años, aunque ambos guardaban en la memoria cada detalle de ese primer día en que iniciaron la amistad. Él era entonces uno de esos vendedores viajeros que van por los caminos ofreciendo sus mercaderías, **peregrino** del comercio, **sin brújula ni rumbo fijo**, un inmigrante árabe con un falso pasaporte turco, solitario, cansado, con el **paladar partido como un conejo**, y unas ganas insoportables de sentarse a la sombra; y ella era una mujer todavía joven, de grupa firme y hombros recios, la única maestra de la aldea, la madre de un niño de doce años, nacido de un **amor fugaz**. El hijo era el centro de la vida de la maestra, lo cuidaba con una dedicación inflexible y apenas lograba **disimular** su tendencia a **mimarlo**, aplicándole las mismas normas de disciplina que a los otros niños de la escuela, para que nadie pudiera comentar que **lo malcriaba**

enrollaba...multicolores was rolling up a cloth of multicolored flowers
acababa de... huésped she had just slit the throat of a guest
pensión boarding house

eso mismo vengo a preguntarte just what I am coming to ask you
acomodándose... cabello arranging a lock of her hair

peregrino wanderer
sin brújula... fijo with no aim or fixed course
paladar partido... conejo cleft palate like that of a rabbit

amor fugaz fleeting love affair

disimular to hide
mimarlo to spoil him
lo malcriaba she was raising him badly

y para **anular la herencia díscola del padre**, formándolo, en cambio, de pensamiento claro y corazón bondadoso. La misma tarde en que Riad Halabí entró en Agua Santa por un extremo, por el otro un grupo de muchachos trajo el cuerpo del hijo de la Maestra Inés en una improvisada **angarilla**. Se había metido en un **terreno ajeno** a recoger un mango y el propietario, un **afuerino** a quien nadie conocía **por esos lados**, **le disparó un tiro de fusil** con intención de asustarlo, marcándole la mitad de la frente con un círculo negro por donde se le escapó la vida. En ese momento el comerciante descubrió su vocación de jefe, y sin saber cómo, se encontró en el centro del suceso, consolando a la madre, organizando el funeral como si fuera un miembro de la familia y sujetando a la gente **para evitar que despedazara al responsable**. Entretanto, el asesino comprendió que le sería muy difícil salvar la vida si se quedaba allí y se escapó del pueblo dispuesto a no regresar jamás.

A Riad Halabí le tocó a la mañana siguiente encabezar a la multitud que marchó del cementerio hacia el sitio donde había caído el niño. Todos los habitantes de Agua Santa pasaron ese día **acarreando** mangos, que lanzaron por las ventanas hasta llenar la casa por completo, desde el suelo hasta el techo. En pocas semanas el sol fermentó la fruta, que **reventó en un jugo espeso**, impregnando las paredes **de una sangre dorada**, **de un pus dulzón**, que transformó la vivienda en un fósil de dimensiones prehistóricas, una enorme bestia en proceso de **podredumbre**, atormentada por la infinita diligencia de las larvas y los mosquitos de la descomposición.

La muerte del niño, **el papel que le tocó jugar** en esos días y la acogida que tuvo en Agua Santa determinaron la existencia de Riad Halabí. Olvidó su ancestro de nómade y se quedó en la aldea. Allí instaló su almacén, *La Perla de Oriente*. Se casó, enviudó, volvió a casarse y siguió vendiendo, mientras crecía su prestigio de hombre justo. Por su parte Inés educó a varias generaciones de criaturas con el mismo cariño tenaz que le **hubiera dado** a su hijo, hasta que la venció la fatiga, entonces cedió el paso a otras maestras llegadas de la ciudad con nuevos **silabarios** y ella se retiró. Al dejar las **aulas** sintió que envejecía de súbito y que el tiempo se aceleraba, los días pasaban demasiado rápidos sin que ella pudiera recordar en qué se le habían ido las horas.

—**Ando aturdida**, turco. Me estoy muriendo sin darme cuenta —comentó.

---

anular... del padre to remove the rebelliousness he had inherited from his father

angarilla handbarrow
terreno ajeno someone else's land
afuerino outsider, stranger
por esos lados around there
le disparó... fusil discharged a rifle shot at him

para evitar... responsable to avoid their tearing the responsible one to pieces

a Riad Halabí le tocó it fell to Riad Halabí (It became his task)

acarreando carting

reventó en un jugo espeso burst into a thick juice
de una sangre dorada with a golden blood
de un pus dulzón with a very sweet substance
podredumbre putrefaction
el papel que le tocó jugar the role he ended up playing

hubiera dado would have given

silabarios spelling books
aulas classroom(s) (i.e. teaching)

ando aturdida I'm walking around in a daze

—Estás tan **sana** como siempre, Inés. Lo que pasa es que te aburres, no debes estar **ociosa** —replicó Riad Halabí y le dio la idea de **agregar** unos cuartos en su casa y convertirla en pensión.

—En este pueblo no hay hotel.

—Tampoco hay turistas —agregó ella.

—Una cama limpia y un desayuno caliente son bendiciones para los **viajeros de paso**.

Así fue, principalmente para los **camioneros** de la Compañía de Petróleos, que se quedaban a pasar la noche en la pensión cuando el cansancio y el tedio de la carretera **les llenaban el cerebro de** alucinaciones.

La Maestra Inés era la matrona más respetada de Agua Santa. Había educado a todos los niños del lugar durante varias décadas, lo cual le daba autoridad para intervenir en las vidas de cada uno y **tirarles las orejas** cuando lo consideraba necesario. Las muchachas le llevaban a sus novios para que se los aprobara, los esposos la consultaban en sus peleas, era consejera, árbitro y juez en todos los problemas, su autoridad era más sólida que la del cura, la del médico o la de la policía. Nada la detenía en el ejercicio de ese poder. En una ocasión **se metió en el retén**, pasó por delante del Teniente sin saludarlo, cogió las llaves **que colgaban de un clavo** en la pared y sacó de la celda a uno de sus alumnos, **preso** a causa de una **borrachera**. El oficial trató de impedírselo, pero ella le dio un **empujón** y **se llevó al muchacho cogido por el cuello**. Una vez en la calle **le propinó un par de bofetones** y le anunció que la próxima vez ella misma le bajaría los pantalones para darle una **zurra** memorable. El día en que Inés fue a anunciarle que había matado a un cliente, Riad Halabí no tuvo ni la menor duda de que hablaba en serio, porque la conocía demasiado. La tomó del brazo y caminó con ella las dos cuadras que separaban *La Perla de Oriente* de la casa de ella. Era una de las mejores construcciones del pueblo, de adobe y madera, con un porche amplio, donde se colgaban hamacas en las siestas más calurosas, baños con agua corriente y ventiladores en todos los cuartos. A esa hora parecía vacía, sólo descansaba en la sala un huésped bebiendo cerveza con la vista perdida en la televisión.

—¿Dónde está? —**susurró** el comerciante árabe.

—En una de las piezas de atrás —respondió ella sin bajar la voz.

Lo condujo a la **hilera de cuartos de alquiler**, todos

---

sana healthy

ociosa idle

agregar get together

viajeros de paso passing travelers

camioneros truckers

les llenaban el cerebro de filled their brains with

tirarles las orejas pull their ears

se metió en el retén she went into the jailhouse

que colgaban de un clavo that were hanging on a nail

preso arrested

borrachera drunkenness

empujón kick

se llevó al muchacho... cuello she dragged the boy out by his neck

le propinó... bofetones she gave him a couple of slaps

zurra beating, thrashing

susurró whispered

hilera de cuartos de alquiler row of rented rooms

unidos por un largo corredor **techado**, con **trinitarias mora-das trepando por las columnas** y **maceteros de helechos** colgando de las **vigas**, alrededor de un patio donde crecían **nísperos** y plátanos. Inés abrió la última puerta y Riad Halabí entró en la habitación en sombras. Las **persianas** estaban **corridas** y necesitó unos instantes para acomodar los ojos y ver sobre la cama el cuerpo de un anciano de aspecto inofensivo, un **forastero decrépito**, nadando en el **charco** de su propia muerte, con los pantalones manchados de excrementos, la cabeza colgando de una **tira de piel lívida** y una terrible expresión de **desconsuelo**, como si estuviera pidiendo disculpas por tanto **alboroto** y sangre y por el **lío** tremendo **de haberse dejado asesinar**. Riad Halabí se sentó en la única silla del cuarto, con la vista fija en el suelo, tratando de controlar el **sobresalto** de su estómago. Inés se quedó de pie, con los brazos cruzados sobre el pecho, calculando que necesitaría dos días para lavar las manchas y por lo menos otros dos para ventilar el **olor a mierda y a espanto**.

—¿Cómo lo hiciste? —preguntó por fin Riad Halabí secándose el sudor.

—Con el **machete de picar cocos**. Me vine por detrás y le di un solo golpe. **Ni cuenta se dio**, pobre diablo.

—¿Por qué?

—Tenía que hacerlo, así es la vida. Mira qué mala suerte, este viejo no pensaba detenerse en Agua Santa, iba cruzando el pueblo y una piedra le rompió el **vidrio del carro**. Vino a pasar unas horas aquí mientras el italiano del garage le conseguía **otro de repuesto**. Ha cambiado mucho, todos hemos envejecido, según parece, pero lo reconocí al punto. Lo esperé muchos años, segura de que vendría, **tarde o temprano**. Es el hombre de los mangos.

—**Alá nos ampare** —murmuró Riad Halabí.

—¿Te parece que debemos llamar al Teniente?

—**Ni de vaina, cómo se te ocurre.**

—Estoy en mi derecho, él mató a mi niño.

—No lo entendería, Inés.

—Ojo por ojo, diente por diente, turco. ¿No dice así tu religión?

—La ley no funciona de ese modo, Inés.

—Bueno, entonces podemos **acomodarlo** un poco y decir que se suicidó.

—No lo toques. ¿Cuántos huéspedes hay en la casa?

—Sólo un camionero. Se irá **apenas refresque**, tiene que **manejar** hasta la capital.

---

techado covered by a roof
trinitarias moradas trepando por las columnas purple pansies climbing up the columns
maceteros de helechos flowerpots of ferns
vigas beams
nísperos medlars (apple-like fruit)
persianas blinds
corridas drawn
forastero decrépito very old and worn out stranger
charco puddle
tira de piel lívida strip of pale skin
desconsuelo grief
alboroto disturbance
lío mess
de haberse dejado asesinar of having let himself be killed
sobresalto shock, fright
olor a mierda y a espanto the odor of excrement and fright
machete de picar cocos coconut-cutting machete
ni cuenta se dio he wasn't even aware of it
vidrio del carro car window
otro de repuesto a spare one
tarde o temprano sooner or later

Alá nos ampare God protect us (his reference to his Moslem God Allah)
ni de vaina... ocurre don't even consider it

acomodarlo fix him up

apenas refresque as soon as it freshens up
manejar drive

—Bien, no recibas a nadie más. Cierra con llave la puerta de esta pieza y espérame, vuelvo en la noche.

—¿Qué vas a hacer?

—Voy a arreglar esto a mi manera.

Riad Halabí tenía sesenta y cinco años, pero aún conservaba el mismo vigor de la juventud y el mismo espíritu que lo colocó a la cabeza de la muchedumbre el día que llegó a Agua Santa. Salió de la casa de la Maestra Inés y se encaminó con paso rápido a la primera de varias visitas que debió hacer esa tarde. En las horas siguientes un **cuchicheo** persistente recorrió al pueblo, cuyos habitantes **se sacudieron el sopor de años**, excitados por la más fantástica noticia, que fueron repitiendo de casa en casa como un **incontenible** rumor, una noticia que **pujaba por estallar en gritos** y a la cual la misma necesidad de mantenerla en un murmullo le confería un valor especial. Antes de la puesta del sol ya se sentía en el aire esa **alborozada inquietud** que en los años siguientes sería una característica de la aldea, incomprensible para los **forasteros de paso**, que no podían ver en ese lugar nada extraordinario, sino sólo un **villorrio** insignificante, como tantos otros, al borde de la selva. Desde temprano empezaron a llegar los hombres a la taberna, las mujeres salieron a las aceras con sus sillas de cocina y se instalaron a tomar aire, los jóvenes acudieron en masa a la plaza como si fuera domingo. El Teniente y sus hombres **dieron un par de vueltas de rutina** y después aceptaron la invitación de las muchachas del **burdel**, que celebraban un cumpleaños, según dijeron. Al anochecer había más gente en la calle que un día de Todos los Santos, cada uno **ocupado en lo suyo** con tan **aparatosa** diligencia que parecían estar posando para una película, unos jugando dominó, otros bebiendo ron y fumando en las esquinas, algunas parejas **paseando de la mano**, las madres **correteando** a sus hijos, las abuelas **husmeando** por las puertas abiertas. El cura encendió los **faroles de la parroquia** y **echó a volar las campanas** llamando a rezar el **novenario** de San Isidoro Mártir, pero **nadie andaba con ánimo para** ese tipo de devociones.

A las nueve y media se reunieron en la casa de la Maestra Inés el árabe, el médico del pueblo y cuatro jóvenes que ella había educado **desde las primeras letras** y eran ya unos **hombronazos** de regreso del servicio militar. Riad Halabí los condujo hasta el último cuarto, donde encontraron el cadáver cubierto de insectos, porque se había quedado la ventana abierta y era la hora de los mosquitos. Metieron al infeliz en

cuchicheo whispering
se sacudieron el sopor de años shook off the stupor of so many years
incontenible irrepressible
pujaba por estallar en gritos strained to burst out into shouts
alborozada inquietud gladdened restlessness
forasteros de paso passing strangers
villorrio small country town

dieron un par... rutina made a couple of routine rounds
burdel brothel
ocupado en lo suyo involved in his or her own thing
aparatosa pompous, showy
paseando de la mano walking hand in hand
correteando speeding up, pushing along
husmeando prying into
faroles de la parroquia parish lamps
echó... las campanas rang the bells fiercely
novenario recitation of prayers
nadie... con ánimo para no one was enthusiastic about
desde las primeras letras from the beginning of their ABC's
hombronazos grown men

un **saco de lona**, lo sacaron **en vilo** hasta la calle y lo echaron sin mayores ceremoniales en la parte de atrás del vehículo de Riad Halabí. Atravesaron todo el pueblo por la calle principal, saludando como era la costumbre a las personas que **se les cruzaron por delante**. Algunos les devolvieron el saludo con exagerado entusiasmo, mientras otros **fingieron** no verlos, riéndose con disimulo, como niños sorprendidos en alguna travesura. La camioneta se dirigió al lugar donde muchos años antes el hijo de la Maestra Inés se inclinó por última vez a recoger una fruta. En el resplandor de la luna vieron la propiedad invadida por la hierba maligna del abandono, deteriorada por la decrepitud y los malos recuerdos, una **colina enmarañada** donde los mangos crecían **salvajes**, las frutas se caían de las ramas y se pudrían en el suelo, dando nacimiento a otras **matas** que **a su vez** engendraban otras y así hasta crear una selva hermética que **se había tragado** los cercos, el sendero y **hasta los despojos** de la casa, de la cual sólo quedaba un **rastro** casi imperceptible de olor a mermelada. Los hombres encendieron sus lámparas de queroseno y echaron a andar **bosque adentro, abriéndose paso a machetazos**. Cuando consideraron que ya habían avanzado bastante, uno de ellos señaló el suelo y allí, a los pies de un gigantesco árbol **abrumado de** fruta, **cavaron un hoyo profundo**, donde depositaron el saco de lona. Antes de cubrirlo de tierra, Riad Halabí dijo una breve **oración musulmana**, porque no conocía otras. Regresaron al pueblo a medianoche y vieron que todavía nadie se había retirado, las luces continuaban encendidas en todas las ventanas y por las calles transitaba la gente.

Entretanto la Maestra Inés había lavado con agua y jabón las paredes y los muebles del cuarto, había quemado la **ropa de cama**, ventilado la casa y esperaba a sus amigos con la cena preparada y una jarra de ron con jugo de piña. La comida transcurrió con alegría comentando las últimas **riñas de gallos**, bárbaro deporte, según la Maestra, pero menos bárbaro que las corridas de toros, donde un matador colombiano acababa de perder **el hígado**, alegaron los hombres. Riad Halabí fue el último en despedirse. Esa noche, por primera vez en su vida, se sentía viejo. En la puerta, la Maestra Inés le tomó las manos y las retuvo un instante **entre las suyas**.

—Gracias, turco —le dijo.

—¿Por qué me llamaste a mí, Inés?

—Porque tú eres la persona **que más quiero** en este mundo y porque **tú debiste ser** el padre de mi hijo.

---

saco de lona canvas sack
en vilo up in the air

se les cruzaron por delante crossed their path
fingieron pretended

colina enmarañada muddled-up hill
salvajes wild
matas bushes
a su vez in their turn
se había tragado had swallowed up
hasta los despojos even the remains
rastro trace
bosque adentro into the forest
abriéndose paso a machetazos making their way with machete blows
abrumado de overwhelmed with
cavaron un hoyo profundo they dug a deep hole
oración musulmuna Moslem prayer

ropa de cama bed linen

riñas de gallos cockfights

el hígado his liver

entre las suyas between hers (i.e. her hands)

que más quiero whom I care for most
tú debiste ser you should have been

Al día siguiente los habitantes de Agua Santa volvieron a sus quehaceres de siempre **engrandecidos** por una complicidad magnífica, por un secreto de buenos vecinos, que **habrían de guardar** con el mayor **celo**, pasándoselo unos a otros por muchos años como una leyenda de justicia, hasta que la muerte de la Maestra Inés nos liberó a todos y puedo yo ahora contarlo.

engrandecidos exalted

habrían de guardar
  they would have to
  keep
celo zeal

I. PREGUNTAS DE OPCIÓN MÚLTIPLE

Escoja la mejor opción para contestar la pregunta o completar la oración.

1. Inés fue a *La Perla de Oriente*
   a) buscando a un huésped de su pensión.
   b) para buscar algo de beber.
   c) porque quería matar a un cliente.
   d) para pedir ayuda al dueño.

2. Inés y Riad Halabí se habían conocido
   a) el día en que descubrieron el cuerpo del hijo de Inés.
   b) cuando Riad Halabí fue a casa de Inés para venderle mercancías.
   c) el día en que Riad Halabí estableció su negocio en el pueblo.
   d) el día en que Riad Halabí mandó a su hijo a la escuela de Inés.

3. ¿Qué le pasó al asesino del hijo de Inés?
   a) Desapareció en seguida del pueblo.
   b) Fue en busca de ayuda para el niño.
   c) Fue sentenciado a muerte.
   d) Fue exiliado a otro pueblo.

4. Riad Halabí le recomendó a Inés que para no aburrirse
   a) buscara otro pueblo menos tranquilo para vivir.
   b) trabajara en su negocio.
   c) alquilara algunas habitaciones de su casa.
   d) buscara trabajo en la Compañía de Petróleos.

5. Inés fue a la cárcel del pueblo
   a) para visitar a Riad Halabí y algunos amigos de él.
   b) tratando de encontrar al asesino de su hijo.
   c) para darle una lección a uno de sus alumnos.
   d) para visitar al Teniente y conversar con él.

6. ¿Por qué había matado Inés a su huésped?
   a) Él había tratado de robarle dinero.
   b) No quería pagar el precio de la habitación.
   c) Pensó que él la iba a matar.
   d) Se dio cuenta de que él había sido el asesino de su hijo.

7. ¿Adónde regresó el grupo después del entierro del huésped?
   a) Fueron a la casa del asesino.
   b) Volvieron a sus propios trabajos.
   c) Visitaron la taberna del pueblo.
   d) Fueron a la casa de Inés.

8. Al final del cuento
   a) todos lloraron la muerte de Inés.
   b) los habitantes del pueblo volvieron a la vida normal.
   c) se celebró la boda entre Inés y Riad Halabí.
   d) todos regresaron al lugar donde habían enterrado al huésped.

II. PREGUNTAS SOBRE EL CONTENIDO

1. ¿Quién era el dueño de *La Perla de Oriente*?

2. ¿Cuál había sido la profesión de Inés?

3. ¿Cómo murió el hijo de Inés?

4. ¿Quién se encargó del funeral del niño, y qué más hizo?

5. ¿Qué comenzaron a hacer los habitantes de Agua Santa después del entierro del niño?

6. ¿Por qué decidió Riad Halabí quedarse en la aldea?

7. ¿Cómo se sentía Inés después de retirarse?

8. ¿De qué reputación gozaba Inés en el pueblo?

9. ¿Qué fue Inés a anunciarle a Riad Halabí?

10. ¿Adónde acompañó Riad Halabí a Inés? ¿Por qué?

11. ¿Quién estaba en el cuarto?

12. ¿Por qué no quería Riad que llamaran a la policía?

13. Describa brevemente lo que pasó en el pueblo después que Riad Halabí dejó la casa de Inés.

14. ¿Adónde llevaron el cuerpo del huésped?

15. ¿Quiénes ayudaron a Riad Halabí a enterrar el cuerpo?

16. ¿Dónde enterraron el cuerpo?

17. ¿De qué hablaron durante la comida?

18. ¿Qué le preguntó Riad Halabí a Inés al despedirse de ella?

19. ¿Qué le contestó ella?

III. PREGUNTAS PARA LA DISCUSIÓN

1. ¿Cree Ud. que hubo justicia en este cuento? Explique su respuesta.

2. ¿Debía Inés haber acudido a la policía en vez de matar al huésped? ¿Por qué estaba ella tan segura de que el huésped era el asesino de su hijo?

3. Al final del cuento la autora dice, «Al día siguiente los habitantes... contarlo.» ¿Cómo puede Ud. explicar esta «complicidad» y «...un secreto de buenos vecinos,...»? Si los habitantes del pueblo se daban cuenta de lo que ocurría, ¿por qué no revelaron el secreto? ¿Cómo refleja este acto la diferencia entre la vida en un pueblo pequeño y la vida en una ciudad grande?

4. Isabel Allende en sus obras recurre al «realismo mágico», o sea, ella combina el realismo con lo mágico en un mismo párrafo o en una misma parte del cuento. Lea otra vez la página 64 donde dice, «A Riad Halabí le tocó... de la descomposición.» y describa cómo la autora se sirve de este recurso.

5. En un mismo párrafo la autora cambia de época. Por ejemplo, en la página 65 dice, «La Maestra Inés era la matrona... una zurra memorable. El día en que... en la televisión.» ¿Hay una relación entre estas dos épocas? ¿Qué tienen en común los dos incidentes? ¿Qué nos muestran estos dos incidentes acerca de la personalidad de Inés?

6. La autora relaciona el tono o el ambiente de un lugar con lo que verdaderamente está ocurriendo en el mismo momento. Se ve esto en la página 67 cuando dice, «En las horas siguientes un cuchicheo persistente...» ¿Cómo se relaciona este tono con lo que acaba de ocurrir? ¿Cómo se ve algo del realismo mágico aquí?

7. ¿Qué ironía se nota en el lugar al que llevan el cuerpo para enterrar? ¿Es éste un sitio apropiado para enterrar al asesino del niño? ¿Por qué?

8. Hay otros ejemplos de ironía en este cuento. Identifíquelos y explique en qué consiste la ironía en cada caso.

9. Vuelva a leer la conversación entre Inés y Riad Halabí al final del cuento. ¿Nos ha preparado la autora para esta confesión? ¿Cómo cambiará la vida de la Maestra Inés y de Riad Halabí este final? Escriba uno o dos párrafos continuando el cuento hasta unos años después en la vida de ellos.

IV. VOCABULARIO

The following words are taken from the glossed vocabulary of the chapter. Fill in each blank with a word that best completes the meaning of the sentence. You may have to change the form of some words, i.e., adjectives must agree with their nouns, verbs may have to be conjugated, nouns may be plural.

pensión, paladar, disimular, terreno, aula, aturdido, sano, colgar, borrachera, susurrar, viga, persiana, forastero, charco, tarde o temprano, manejar, sacudirse, campana, saco, fingir, travesura, rastro, hígado

1. Tienes que _____ porque toda la familia está durmiendo.

2. Los domingos por la mañana se oyen las _____ de las iglesias en los pueblos pequeños.

3. Esas personas comen bien y hacen ejercicio todos los días; parece que están muy _____.

4. Después de la lluvia las calles están llenas de _____.

5. Antes de entrar en la casa tenemos que _____ la nieve de los guantes.

6. En la casa de mi tío _____ retratos de otros miembros de la familia.

7. ¿Dónde prefieres quedarte en Madrid, en un hotel o en una _____?

8. Por favor, baje Ud. las _____ para que no entre el sol.

9. Esta casa está bien construida con soportes de _____ grandes.

10. La madre tuvo que castigar a su hijo por sus numerosas _____.

11. En esta carretera se puede _____ a una velocidad de noventa kilómetros por hora.

12. Hay que poner la basura en un _____ grande antes de sacarla de la casa.

13. Ese hombre que acaba de entrar en la tienda es _____; viene de otra ciudad.

14. Mis padres han comprado un _____ muy grande donde van a construir una casa.

15. Si comes algo muy caliente, puedes quemarte el _____.

16. Todos los estudiantes se reunieron en esa _____ para oír el discurso del presidente de la universidad.

17. Después de beber tantas cervezas, Antonio y Elena sufrieron una
_____ grande.

18. _____ vas a aprender español si sigues estudiando.

19. Hay que _____ no oír los insultos del vecino.

20. La niña quedó _____ después de correr tanto.

Cartas de amor traicionado

La madre de Analía Torres murió de una fiebre delirante cuando ella nació y su padre **no soportó** la tristeza y dos semanas más tarde **se dio un tiro de pistola** en el pecho. Agonizó varios días con el nombre de su mujer en los labios. Su hermano Eugenio administró las tierras de la familia y dispuso del destino de la pequeña huérfana según su criterio. Hasta los seis años Analía creció **aferrada** a las faldas de una **ama** india en los cuartos de servicio de la casa de su **tutor** y después, apenas tuvo edad para ir a la escuela, la mandaron a la capital, **interna** en el Colegio de las Hermanas del Sagrado Corazón, donde pasó los doce años siguientes. Era buena alumna y amaba la disciplina, la austeridad del edificio de piedra, la **capilla** con su corte de santos y su aroma de **cera** y de **lirios**, los corredores desnudos, los patios sombríos. Lo que menos la atraía era el **bullicio** de las pupilas y el acre olor de las salas de clases. Cada vez que lograba **burlar** la vigilancia de las monjas, se escondía en el **desván**, entre estatuas decapitadas y muebles rotos, para contarse cuentos a sí misma. En esos momentos robados se sumergía en el silencio con la sensación de abandonarse a un **pecado**.

Cada seis meses recibía una breve nota de su tío Eugenio recomendándole que se portara bien y honrara la memoria de sus padres, quienes habían sido dos buenos cristianos en vida y estarían orgullosos de que su única hija dedicara su existencia a los más altos preceptos de la virtud, es decir, **entrara de novicia al convento**. Pero Analía le hizo saber desde la primera insinuación que no estaba **dispuesta a ello** y mantuvo su postura con firmeza simplemente para contradecirlo, porque **en el fondo** le gustaba la vida religiosa. Escondida tras el hábito, en la soledad última de la **renuncia a cualquier placer**, tal vez podría encontrar paz perdurable, pensaba; sin embargo su instinto le advertía contra los consejos de su

no soportó couldn't endure
se dio un tiro de pistola shot himself

aferrada a clinging to
ama housekeeper
tutor guardian (i.e., her uncle)
interna a boarding student

capilla chapel
cera wax
lirios irises
bullicio noise, rumble
burlar outwit
desván garret

pecado sin

entrara de novicia al convento that she should start to become a nun
dispuesta a ello well-disposed for that
en el fondo deep down, truly
renuncia a cualquier placer the renunciation of any pleasure

75

tutor. Sospechaba que sus acciones estaban motivadas por la **codicia** de las tierras, más que por **lealtad familiar**. Nada **proveniente** de él parecía digno de confianza, **en algún resquicio se encontraba la trampa**.

Cuando Analía cumplió dieciséis años, su tío fue a visitarla al colegio por primera vez. La Madre Superiora llamó a la muchacha a su oficina y tuvo que presentarlos, porque ambos habían cambiado mucho desde la época del ama india en los patios **traseros** y no se reconocieron.

—Veo que las Hermanitas han cuidado bien de ti, Analía —comentó el tío revolviendo una taza de chocolate—. **Te ves sana y hasta bonita**. En mi última carta te notifiqué que **a partir de** la fecha de este cumpleaños recibirás una suma **mensual** para tus gastos, tal como lo estipuló en su testamento mi hermano, que en paz descanse.

—¿Cuánto?

—Cien pesos.

—¿Es todo lo que me dejaron mis padres?

—No, claro que no. Ya sabes que la **hacienda** te pertenece, pero la agricultura no es tarea para una mujer, sobre todo en estos tiempos de **huelgas** y revoluciones. Por el momento **te haré llegar una mensualidad** que aumentaré cada año, hasta tu mayoría de edad. Luego veremos.

—¿Veremos qué, tío?

—Veremos **lo que más te conviene**.

—¿Cuáles son mis alternativas?

—Siempre necesitarás a un hombre que administre el campo, niña. Yo lo he hecho todos estos años y no ha sido tarea fácil, pero es mi obligación, se lo prometí a mi hermano en su última hora y estoy dispuesto a seguir haciéndolo por ti.

—No deberá hacerlo por mucho tiempo más, tío. Cuando me case **me haré cargo de** mis tierras.

—¿Cuando se case, dijo la chiquilla? Dígame, madre, ¿es que tiene algún **pretendiente**?

—¡Cómo se le ocurre, señor Torres! Cuidamos mucho a las niñas. Es sólo una manera de hablar. ¡Qué cosas dice esta muchacha!

Analía Torres se puso de pie, **se estiró los pliegues** del uniforme, **hizo una breve reverencia más bien burlona** y salió. La Madre Superiora le sirvió más chocolate al caballero, comentando que la única explicación para ese comportamiento descortés era el escaso contacto que la joven había tenido con sus **familiares**.

—Ella es la única alumna que nunca sale de vacaciones

Glosses:

codicia greed
lealtad familiar family loyalty
proveniente coming from
en algún... trampa somewhere you could find a catch

traseros rear (i.e., behind the house)

te ves sana y hasta bonita you look healthy and even pretty
a partir de starting from
mensual monthly

hacienda estate

huelgas strikes
te haré llegar una mensualidad I'll have a monthly amount sent to you
lo que más te conviene what is best suited for you

me haré cargo de I'll take charge of

pretendiente suitor

se estiró los pliegues she pulled on the pleats
hizo una... burlona she bowed (curtsied) in a rather mocking manner
familiares relatives

y a quien jamás le han dado un regalo de Navidad —dijo la monja en tono seco.

—Yo no soy **hombre de mimos**, pero le aseguro que estimo mucho a mi sobrina y he cuidado sus intereses como un padre. Pero tiene usted razón. Analía necesita más cariño, las mujeres son sentimentales.

Antes de treinta días el tío se presentó de nuevo al colegio, pero en esta oportunidad no pidió ver a su sobrina, se limitó a notificarle a la Madre Superiora que su propio hijo deseaba mantener correspondencia con Analía y **a rogarle que le hiciera llegar las cartas** a ver si la **camaradería** con su primo **reforzaba los lazos** de la familia.

Las cartas comenzaron a llegar regularmente. Sencillo papel blanco y tinta negra, una **escritura de trazos grandes y precisos**. Algunas hablaban de la vida en el campo, de las estaciones y los animales, otras de poetas ya muertos y de los pensamientos que escribieron. A veces el **sobre** incluía un libro o un dibujo hecho con los mismos trazos firmes de la **caligrafía**. Analía se propuso no leerlas, **fiel** a la idea de que cualquier cosa relacionada con su tío escondía algún peligro, pero en el aburrimiento del colegio las cartas representaban su única posibilidad de volar. Se escondía en el desván, no ya a inventar cuentos improbables, sino a releer con avidez las notas enviadas por su primo hasta conocer de memoria la inclinación de las letras y la textura del papel. Al principio no las contestaba, pero al poco tiempo **no pudo dejar de hacerlo**. El contenido de las cartas **se fue haciendo cada vez más sutil** para burlar la censura de la Madre Superiora, que abría toda la correspondencia. Creció la intimidad entre los dos y pronto lograron **ponerse de acuerdo en** un **código** secreto con el cual empezaron a hablar de amor.

Analía Torres no recordaba haber visto jamás a ese primo que se firmaba Luis, porque cuando ella vivía en casa de su tío el muchacho estaba interno en un colegio en la capital. Estaba segura de que debía ser un hombre feo, tal vez enfermo o **contrahecho**, porque le parecía imposible que **a una sensibilidad tan profunda y una inteligencia tan precisa se sumara un aspecto atrayente**. Trataba de dibujar en su mente una imagen del primo: **rechoncho** como su padre, con **la cara picada de viruelas, cojo y medio calvo**; pero **mientras más defectos le agregaba**, más se inclinaba a amarlo. El brillo del espíritu era lo único importante, lo único que resistiría el paso del tiempo sin deteriorarse e **iría creciendo** con los años; la belleza de esos héroes utópicos de los cuentos no tenía valor alguno y hasta podía convertirse en motivo de frivolidad, concluía la muchacha, aunque no podía evitar una

hombre de mimos a pampering man

a rogarle que... las cartas to ask her (i.e., the Mother Superior) to have the letters delivered to her (i.e., Analía)
camaradería comradeship
reforzaba los lazos would reinforce the bonds
escritura de trazos grandes y precisos a handwriting with big and precise strokes
sobre envelope
caligrafía penmanship
fiel faithful

no pudo dejar de hacerlo she couldn't avoid doing it
se fue haciendo cada vez más sutil was becoming more and more subtle
ponerse de acuerdo en to agree on
código code

contrahecho deformed
a una sensibilidad... atrayente an attractive appearance could go together with such a profound sensitivity and keen intelligence
rechoncho chubby
la cara... viruelas his face full of pock marks
cojo y medio calvo lame and half bald
mientras... le agregaba the more defects she added to him
iría creciendo would continue growing

sombra de inquietud en su razonamiento. Se preguntaba cuánta deformidad sería capaz de tolerar.

La correspondencia entre Analía y Luis Torres duró dos años, al cabo de los cuales la muchacha tenía una caja de sombreros llena de sobres y el alma definitivamente entregada. Si cruzó por su mente la idea de que aquella relación podría ser un plan de su tío para que los bienes que ella había heredado de su padre pasaran a manos de Luis, la descartó de inmediato, avergonzada de su propia mezquindad. El día en que cumplió dieciocho años la Madre Superiora la llamó al refectorio porque había una visita esperándola. Analía Torres adivinó quién era y estuvo a punto de correr a esconderse en el desván de los santos olvidados, aterrada ante la eventualidad de enfrentar por fin al hombre que había imaginado por tanto tiempo. Cuando entró en la sala y estuvo frente a él necesitó varios minutos para vencer la desilusión.

Luis Torres no era el enano retorcido que ella había construido en sueños y había aprendido a amar. Era un hombre bien plantado, con un rostro simpático de rasgos regulares, la boca todavía infantil, una barba oscura y bien cuidada, ojos claros de pestañas largas, pero vacíos de expresión. Se parecía un poco a los santos de la capilla, demasiado bonito y un poco bobalicón. Analía se repuso del impacto y decidió que si había aceptado en su corazón a un jorobado, con mayor razón podía querer a este joven elegante que la besaba en una mejilla dejándole un rastro de lavanda en la nariz.

Desde el primer día de casada Analía detestó a Luis Torres. Cuando la aplastó entre las sábanas bordadas de una cama demasiado blanda, supo que se había enamorado de un fantasma y que nunca podría trasladar esa pasión imaginaria a la realidad de su matrimonio. Combatió sus sentimientos con determinación, primero descartándolos como un vicio y luego, cuando fue imposible seguir ignorándolos, tratando de llegar al fondo de su propia alma para arrancárselos de raíz. Luis era gentil y hasta divertido a veces, no la molestaba con exigencias desproporcionadas ni trató de modificar su tendencia a la soledad y al silencio. Ella misma admitía que con un poco de buena voluntad de su parte podía encontrar en esa relación cierta felicidad, al menos tanta como hubiera obtenido tras un hábito de monja. No tenía motivos precisos para esa extraña repulsión por el hombre que había amado por dos años sin conocer. Tampoco lograba poner en palabras sus emociones, pero si hubiera podido hacerlo no habría tenido a nadie con quien comentarlo. Se sentía burlada al no

---

sombra de inquietud a shadow(trace) of anxiety
razonamiento reasoning
el alma definitivamente entregada her soul definitely submitted (i.e., to him)
bienes wealth
la descartó de inmediato she immediately discarded it
su propia mezquindad her own nasty feelings
refectorio dining hall
aterrada terrified

enano retorcido twisted dwarf
rostro face
rasgos regulares normal features
pestañas eyelashes

bobalicón silly
se repuso recovered
jorobado hunchback
rastro trace

aplastó crushed
sábanas sheets
blanda soft
trasladar transfer

descartándolos como un vicio discarding them as a vice
para arrancárselos de raíz to pull them (i.e., los sentimientos) out by the roots
exigencias desproporcionadas unreasonable demands

poder conciliar la imagen del **pretendiente epistolar** con la de ese marido de **carne y hueso**. Luis nunca mencionaba las cartas y cuando ella tocaba el tema, él le cerraba la boca con un beso rápido y alguna observación ligera sobre ese romanticismo tan poco adecuado a la vida matrimonial, en la cual la confianza, el respeto, los intereses comunes y el futuro de la familia importaban mucho más que una correspondencia de adolescentes. No había entre los dos verdadera intimidad. Durante el día cada uno **se desempeñaba en sus quehaceres** y por las noches se encontraban entre las **almohadas de plumas**, donde Analía —acostumbrada a su **camastro** del colegio— creía sofocarse. A veces se abrazaban de prisa, ella inmóvil y tensa, él con la actitud de quien **cumple una exigencia** del cuerpo porque no puede evitarlo. Luis se dormía de inmediato, ella se quedaba con los ojos abiertos en la oscuridad y una protesta **atravesada en la garganta**. Analía intentó diversos medios para vencer el **rechazo** que él le inspiraba, desde el **recurso** de fijar en la memoria cada detalle de su marido con el propósito de amarlo por pura determinación, hasta el de **vaciar la mente** de todo pensamiento y **trasladarse** a una dimensión donde él no pudiera alcanzarla. Rezaba para que fuera sólo una repugnancia transitoria, pero pasaron los meses y en vez del **alivio** esperado creció la animosidad hasta convertirse en odio. Una noche se sorprendió soñando con un hombre horrible que la acariciaba con los dedos manchados de tinta negra.

Los esposos Torres vivían en la propiedad adquirida por el padre de Analía cuando ésa era todavía una región medio **salvaje**, tierra de soldados y bandidos. Ahora se encontraba junto a la carretera y a poca distancia de un pueblo próspero, donde cada año se celebraban **ferias agrícolas y ganaderas**. Legalmente Luis era el administrador del **fundo**, pero en realidad era el tío Eugenio quien cumplía esa función, porque a Luis le aburrían los asuntos del campo. Después del almuerzo, cuando padre e hijo se instalaban en la biblioteca a beber coñac y jugar dominó, Analía oía a su tío decidir sobre las **inversiones**, los animales, **las siembras y las cosechas**. En las raras ocasiones en que ella se atrevía a intervenir para dar una opinión, los dos hombres la escuchaban con aparente atención, asegurándole que **tendrían en cuenta sus sugerencias**, pero luego actuaban **a su amaño**. A veces Analía salía a galopar **por los potreros** hasta los límites de la montaña deseando haber sido hombre.

El nacimiento de un hijo no mejoró en nada los sentimientos de Analía por su marido. Durante los meses de la

---

pretendiente epistolar suitor by correspondence
carne y hueso flesh and bones

se desempeñaba en sus quehaceres would get involved in his or her own tasks
almohadas de plumas feathered pillows
camastro rickety old bed
cumple una exigencia is fulfilling a demand
atravesada en la garganta lying across her throat
rechazo rejection
recurso recourse, means
vaciar la mente empty her mind
trasladarse transfer herself
alivio relief

salvaje wild, uncultivated

ferias agrícolas y ganaderas agricultural and cattle fairs
fundo estate

inversiones investments
las siembras y las cosechas the seedings and the crops
tendrían en cuenta sus sugerencias they would consider her suggestions
a su amaño by their own expertise
por los potreros around the cattle ranch

gestación se acentuó su carácter retraído, pero Luis no se impacientó, atribuyéndolo a su estado. De todos modos, él tenía otros asuntos en los cuales pensar. Después de dar a luz, ella se instaló en otra habitación, amoblada solamente con una cama angosta y dura. Cuando el hijo cumplió un año y todavía la madre cerraba con llave la puerta de su aposento y evitaba toda ocasión de estar a solas con él, Luis decidió que ya era tiempo de exigir un trato más considerado y le advirtió a su mujer que más le valía cambiar de actitud, antes que rompiera la puerta a tiros. Ella nunca lo había visto tan violento. Obedeció sin comentarios. En los siete años siguientes la tensión entre ambos aumentó de tal manera que terminaron por convertirse en enemigos solapados, pero eran personas de buenos modales y delante de los demás se trataban con una exagerada cortesía. Sólo el niño sospechaba el tamaño de la hostilidad entre sus padres y despertaba a medianoche llorando, con la cama mojada. Analía se cubrió con una coraza de silencio y poco a poco pareció irse secando por dentro. Luis, en cambio, se volvió más expansivo y frívolo, se abandonó a sus múltiples apetitos, bebía demasiado y solía perderse por varios días en inconfesables travesuras. Después, cuando dejó de disimular sus actos de disipación, Analía encontró buenos pretextos para alejarse aún más de él. Luis perdió todo interés en las faenas del campo y su mujer lo reemplazó contenta de esa nueva posición. Los domingos el tío Eugenio se quedaba en el comedor discutiendo decisiones con ella, mientras Luis se hundía en una larga siesta, de la cual resucitaba al anochecer, empapado de sudor y con el estómago revuelto, pero siempre dispuesto a irse otra vez de jarana con sus amigos.

Analía le enseño a su hijo los rudimentos de la escritura y la aritmética y trató de iniciarlo en el gusto por los libros. Cuando el niño cumplió siete años Luis decidió que ya era tiempo de darle una educación más formal, lejos de los mimos de la madre, y quiso mandarlo a un colegio en la capital, a ver si se hacía hombre de prisa, pero Analía se le puso por delante con tal ferocidad que tuvo que aceptar una solución menos drástica. Se lo llevó a la escuela del pueblo, donde permanecía interno de lunes a viernes, pero los sábados por la mañana iba el coche a buscarlo para que volviera a casa hasta el domingo. La primera semana Analía observó a su hijo llena de ansiedad, buscando motivos para retenerlo a su lado, pero no pudo encontrarlos. La criatura parecía contenta, hablaba de su maestro y de sus compañeros con genuino entusiasmo, como si hubiera nacido entre ellos. Dejó de orinarse en la cama. Tres meses después llegó con su boleta de notas y una

gestación pregnancy
retraído reserved, shy

dar a luz giving birth
amoblada furnished
angosta narrow
aposento room

más le valía it would be
    better for her
a tiros with gunshots

solapados secret
modales manners

tamaño extent
mojada wet

coraza armor
pareció irse secando
    por dentro she
    seemed to be withering on the inside
travesuras pranks
dejó de disimular he
    stopped concealing
faenas tasks, jobs

se hundía would become submerged
empapado de sudor
    soaked in sweat
revuelto turned upside
    down
irse... de jarana to go
    on a spree

mimos pamperings

se le puso por delante
    tried to stop him, intervened

llena de ansiedad full
    of anxiety (i.e.,
    Analía)
criatura child

boleta de notas report
    card

breve carta del profesor felicintándolo por su buen **rendimiento**. Analía la leyó temblando y sonrió por primera vez en mucho tiempo. Abrazó a su hijo conmovida, interrogándolo sobre cada detalle, cómo eran los dormitorios, qué le daban de comer, si hacía frío por las noches, cuántos amigos tenía, cómo era su maestro. Pareció mucho más tranquila y no volvió a hablar de sacarlo de la escuela. En los meses siguientes el muchacho trajo siempre buenas **calificaciones**, que Analía coleccionaba como tesoros y **retribuía con frascos de mermelada** y canastos de frutas para toda la clase. Trataba de no pensar en que esa solución **apenas alcanzaba** para la educación primaria, que dentro de pocos años sería inevitable mandar al niño a un colegio en la ciudad y ella sólo podría verlo durante las vacaciones.

En una noche de **pelotera** en el pueblo, Luis Torres, que había bebido demasiado, se dispuso a hacer piruetas en un **caballo ajeno** para demostrar su **habilidad de jinete** ante un grupo de **compinches** de taberna. El animal lo lanzó al suelo y **de una patada** le **reventó** los testículos. Nueve días después Torres murió **aullando** de dolor en una clínica de la capital, donde lo llevaron en la esperanza de salvarlo de la infección. A su lado estaba su mujer, llorando de culpa por el amor que nunca pudo darle y de alivio porque ya no tendría que **seguir rezando para que se muriera**. Antes de volver al campo con el cuerpo en un **féretro** para enterrarlo en su propia tierra, Analía se compró un vestido blanco y lo metió al fondo de la maleta. Al pueblo llegó **de luto**, con la cara cubierta por un **velo de viuda** para que nadie le viera la expresión de los ojos, y del mismo modo se presentó en el funeral, de la mano de su hijo, también con traje negro. Al término de la ceremonia el tío Eugenio, que se mantenía muy saludable a pesar de sus setenta años bien gastados, le propuso a su **nuera que le cediera las tierras** y se fuera a vivir de sus **rentas** a la ciudad, donde el niño terminaría su educación y ella podría olvidar las penas del pasado.

—Porque no se me escapa, Analía, que mi pobre Luis y tú nunca fueron felices —dijo.

—Tiene razón, tío. Luis me engañó desde el principio.

—Por Dios, hija, él siempre fue muy discreto y respetuoso contigo. Luis fue un buen marido. Todos los hombres tienen pequeñas aventuras, pero eso no tiene importancia.

—No me refiero a eso, sino a un engaño irremediable.

—No quiero saber **de qué se trata**. En todo caso, pienso que en la capital el niño y tú estarán mejor. **Nada les faltará**. Yo me haré cargo de la propiedad, estoy viejo pero no acabado y todavía puedo **voltear** un toro.

---

rendimiento performance

calificaciones grades
retribuía con frascos de mermelada repaid with jars of jam
apenas alcanzaba hardly was sufficient

pelotera brawl

caballo ajeno someone else's horse
habilidad de jinete horseman's skill
compinches cronies
de una patada with one kick
reventó smashed, crushed
aullando howling
seguir rezando para que se muriera continue praying for him to die
féretro coffin
de luto in mourning
velo de viuda widow's veil

nuera daughter-in-law
que le cediera las tierras that she should give up her lands to him
rentas income

de qué se trata what it is about
nada les faltará you won't need anything.
voltear turn over

—Me quedaré aquí. Mi hijo se quedará también, porque tiene que ayudarme en el campo. En los últimos años he trabajado más en los potreros que en la casa. La única diferencia será que ahora tomaré mis decisiones sin consultar con nadie. Por fin esta tierra es sólo mía. Adiós, tío Eugenio.

En las primeras semanas Analía organizó su nueva vida. Empezó por quemar las sábanas que había compartido con su marido y trasladar su cama angosta a la habitación principal; enseguida estudió **a fondo** los libros de administración de la propiedad, y apenas tuvo una idea precisa de sus bienes buscó un **capataz** que ejecutara sus órdenes sin hacer preguntas. Cuando sintió que tenía todas las **riendas** bajo control buscó su vestido blanco en la maleta, lo planchó **con esmero**, se lo puso y así **ataviada** se fue en su coche a la escuela del pueblo, llevando bajo el brazo una vieja caja de sombreros.

Analía Torres esperó en el patio que la campana de las cinco anunciara el fin de la última clase de la tarde y el **tropel** de los niños saliera al recreo. Entre ellos venía su hijo **en alegre carrera**, quien al verla **se detuvo en seco**, porque era la primera vez que su madre aparecía en el colegio.

—Muéstrame tu **aula**, quiero conocer a tu maestro —dijo ella.

En la puerta Analía le indicó al muchacho **que se fuera**, porque ése era un asunto privado, y entró sola. Era una sala grande y de techos altos, con mapas y dibujos de biología en las paredes. Había el mismo **olor a encierro** y a sudor de niños que había marcado su propia infancia, pero en esta oportunidad no le molestó, por el contrario, **lo aspiró** con gusto. Los pupitres se veían desordenados por el día de uso, había algunos papeles en el suelo y **tinteros** abiertos. **Alcanzó a ver** una columna de números en la pizarra. Al fondo, en un escritorio sobre la plataforma, se encontraba el maestro. El hombre levantó la cara sorprendido y no se puso de pie, porque sus **muletas** estaban en un **rincón**, demasiado lejos para alcanzarlas sin **arrastrar** la silla. Analía cruzó el pasillo entre dos **hileras** de pupitres y se detuvo frente a él.

—Soy la madre de Torres —dijo porque no se le ocurrió algo mejor.

—Buenas tardes, señora. **Aprovecho** para agradecerle los dulces y las frutas que nos ha enviado...

—**Dejemos eso**, no vine para cortesías. Vine **a pedirle cuentas** —dijo Analía colocando la caja de sombreros sobre la mesa.

—¿Qué es esto?

Ella abrió la caja y sacó las cartas de amor que había

---

a fondo thoroughly

capataz foreman, overseer
riendas reins
con esmero carefully
ataviada adorned

tropel throng, crowd
en alegre carrera happily running
se detuvo en seco he stopped short
aula classroom

que se fuera to leave

olor a encierro smell of confinement

lo aspiró she inhaled it

tinteros inkwells
alcanzó a ver she managed to see

muletas crutches
rincón corner
arrastrar drag
hileras rows

aprovecho I take the opportunity

dejemos eso let's drop that
a pedirle cuentas to reckon our account

guardado todo ese tiempo. Por un largo instante él **paseó la vista sobre** aquel **cerro** de sobres.

—Usted me debe once años de mi vida —dijo Analía.

—¿Cómo supo que yo las escribí? —**balbuceó** él cuando logró sacar la voz que **se le había atascado** en alguna parte.

—El mismo día de mi matrimonio descubrí que mi marido no podía haberlas escrito y cuando mi hijo trajo a la casa sus primeras notas, reconocí la caligrafía. Y ahora que lo estoy mirando **no me cabe ni la menor duda**, porque yo a usted lo he visto en sueños desde que tengo dieciséis años. ¿Por qué lo hizo?

—Luis Torres era mi amigo y cuando me pidió que le escribiera una carta para su prima no me pareció que **hubiera** nada de malo. Así fue con la segunda y la tercera; después, cuando usted me contestó, ya no pude **retroceder**. Esos dos años fueron los mejores de mi vida, los únicos en que he esperado algo. Esperaba el correo.

—Ajá.

—¿Puede perdonarme?

—De usted depende —dijo Analía pasándole las muletas.

El maestro se colocó la chaqueta y se levantó. Los dos salieron al bullicio del patio, donde todavía no se había puesto el sol.

***

paseó la vista sobre he stared at
cerro pile

balbuceó stammered
se le había atascado had gotten stuck

no me cabe ni la menor duda I haven't the slightest doubt

hubiera there was

retroceder go back

I. PREGUNTAS DE OPCIÓN MÚLTIPLE

Escoja la opción que mejor conteste la pregunta o complete la oración.

1. ¿Qué papel hizo el tío Eugenio a la muerte del padre de Analía?
   a) Vendió las tierras de la familia.
   b) Se encargó de la vida futura de Analía.
   c) Se hizo cargo del funeral del padre.
   d) Buscó otro marido para la madre de Analía.

2. ¿Dónde hizo Analía sus estudios durante doce años?
   a) Estudió en casa de una ama india.
   b) Estuvo en un convento de monjas.
   c) Estudió en casa de su tío.
   d) Se quedó en la escuela de su pueblo.

3. La primera vez que la visitó, el tío Eugenio le aconsejó a Analía que
   a) dejara la administración de su propiedad en manos de un hombre.
   b) tratara de vender sus tierras cuanto antes.
   c) buscara un marido apropiado para cuidarla.
   d) pasara sus vacaciones con él y su familia.

4. ¿Por qué visitó el tío el colegio la segunda vez?
   a) Quería sacar a Analía del colegio.
   b) Deseaba conversar otra vez con su sobrina.
   c) Iba a pedirle a la Madre Superiora que le diera menos libertad a Analía.
   d) Les pidió a las monjas que le entregaran las cartas de su hijo a Analía.

5. ¿Por qué decidió Analía al fin leer las cartas de su primo?
   a) Las monjas insistían en que las leyera.
   b) Deseaba tener noticias de su tío y su familia.
   c) Le daba la oportunidad de escaparse de la vida del colegio.
   d) Le gustaba leer acerca de la vida de los poetas.

6. Al ver a su primo por primera vez, Analía
   a) se sorprendió del aspecto físico de él.
   b) quedó bastante desilusionada.
   c) lo encontró precisamente como lo había imaginado.
   d) quiso salir en seguida de la sala.

7. Después de casarse con Luis, Analía se dio cuenta de que
   a) lo había odiado siempre.
   b) su amor por él había sido una ilusión.
   c) Luis era un hombre poco amable.
   d) el matrimonio terminaría en un divorcio.

8. ¿Por qué cumplía el tío Eugenio la función de administrador del fundo?
   a) El tío sabía más acerca del asunto.
   b) Analía había insistido en que lo hiciera.
   c) Luis se interesaba poco en esas cosas.
   d) Luis prefería jugar al dominó en la biblioteca.

9. ¿Cómo recibían padre e hijo las opiniones de Analía con respecto a la administración de las tierras?
   a) Prometían tomar en consideración sus sugerencias.
   b) Las rechazaban violentamente.
   c) Las aceptaban con frecuencia.
   d) Le pedían que no los molestara con esos asuntos.

10. ¿Por qué se puso violento Luis cuando su hijo cumplió un año?
    a) Quiso separar al hijo de la madre.
    b) No le gustaba el comportamiento del hijo.
    c) Empezaba a padecer una enfermedad mental.
    d) No podía soportar el rechazo de su esposa.

11. Analía se encargó de las faenas del campo
    a) para librarse del aburrimiento que sufría.
    b) porque don Eugenio se lo sugería.
    c) porque Luis ya no se interesaba en hacerlo.
    d) porque ella había perdido su interés en los quehaceres de la casa.

12. ¿Por qué decidieron Analía y Luis mandar a su hijo a la escuela del pueblo?
    a) Esa escuela era mejor que las otras.
    b) Así pudieron resolver una disputa entre ellos.
    c) El maestro prometía cuidar bien al niño.
    d) El niño mostraba interés en esa escuela.

13. ¿Cómo murió Luis?
    a) Se cayó de un caballo.
    b) Bebió demasiado.
    c) Fue herido en una pelea con sus amigos.
    d) Tuvo un accidente jugando a la pelota.

14. ¿Qué le propuso el tío a Analía después de la muerte de Luis?
    a) Él se encargaría de las tierras.
    b) Ella debería buscar otro marido.
    c) Ella debería hacerse cargo de la educación de su hijo.
    d) Ella podría ir a vivir con él y su familia.

15. Analía decidió visitar la escuela del pueblo
    a) para llevar dulces y frutas para los niños.
    b) porque su hijo se había portado mal.
    c) porque deseaba ver jugar a los niños.
    d) con el deseo de hablar con el maestro de su hijo.

16. ¿Por qué había escrito el maestro las cartas?
    a) Él mismo había estado enamorado de Analía.
    b) Luis tenía una caligrafía muy mala.
    c) Quería hacerle un favor a su amigo.
    d) Él soñaba con encontrarse algún día con Analía.

II. PREGUNTAS SOBRE EL CONTENIDO

1. ¿Cuál fue la causa de la muerte del padre de Analía Torres?

2. ¿Quién crió a Analía durante los seis primeros años de su vida?

3. ¿Qué aspecto del colegio le gustaba a la niña? ¿Qué aspecto no le gustaba?

4. ¿Qué sospechaba Analía de los motivos de su tío en sus cartas de consejos?

5. ¿Cómo reaccionó la niña ante la primera visita de su tío al convento?

6. Según la monja, ¿qué le faltaba a la niña?

7. ¿Cómo empezaron los dos jóvenes a comunicarse?

8. ¿Por qué se negaba Analía a leer las cartas al principio?

9. ¿Cómo imaginaba Analía a su primo? ¿Por qué?

10. ¿Logró Analía vencer sus emociones negativas hacia Luis después de casarse con él? ¿Cómo trataba de hacerlo? ¿Cómo resultaron sus tentativas?

11. ¿Dónde estaba la propiedad en la que vivían Luis y Analía?

12. ¿Qué hizo Analía después de dar a luz a su hijo?

13. Describa las relaciones entre marido y mujer durante los siete años después de la escena violenta de Luis.

14. ¿Cómo se portaba Luis durante esos años?

15. ¿De quién recibió el hijo de Analía sus primeras enseñanzas?

16. ¿Cómo se sentía el niño durante la primera semana en el colegio? ¿Era eso lo que Analía se había imaginado?

17. ¿Cómo le afectaron a Analía las cartas que llegaron del maestro de su hijo?

18. ¿Qué preocupaba a Analía con respecto a la educación de su hijo?

19. ¿Qué dos sentimientos experimentaba Analía tras la muerte de su marido?

20. ¿Cómo recibió Analía la proposición de su tío después de la muerte de Luis?

21. ¿Qué hizo Analía durante las primeras semanas de la administración de la propiedad?

22. Describa la sala de clase del hijo de Analía.

23. ¿Dónde estaba el maestro?

24. ¿Por qué no pudo levantarse el maestro?

25. ¿Qué le llevó Analía al maestro?

26. ¿Cómo sabía Analía que el maestro había sido el autor de las cartas?

27. ¿Cómo termina el cuento?

III. PREGUNTAS PARA LA DISCUSIÓN

1. ¿Qué sabemos acerca de la personalidad de Analía desde el principio del cuento? Discuta la importancia de la fantasía en la vida de Analía y vincule esta fantasía con el sentido práctico y responsable de la muchacha/mujer.

2. ¿Fue justa o injusta la muerte de Luis? ¿Por qué? ¿Qué diferencia de estilo se observa en esta parte del cuento?

3. ¿Tiene el niño verdadera importancia en este cuento? ¿Cómo se ve? ¿Cómo hubiera terminado el cuento si Analía y Luis no hubieran sido padres?

4. Isabel Allende cree en el poder del amor y en el poder de la escritura en la vida cotidiana. ¿Cómo vincula ella estos dos temas en este cuento? Discuta la importancia de cada tema. ¿Cómo muestra el cuento que estos dos temas conducen a la justicia?

5. En la página 76 el tío le dice a Analía, «Ya sabes que la hacienda te pertenece... y revoluciones.» ¿Tienen estas palabras el mismo significado hoy día en nuestra sociedad? Explique su respuesta.

6. ¿Está Ud. de acuerdo con el tío de Analía cuando dice en la página 77, «...las mujeres son sentimentales.» Explique su respuesta.

7. ¿En qué otras partes del cuento discute la autora el papel de la mujer en la sociedad? Dé citas y explique cada una.

8. ¿Cree Ud. que Analía amaba de veras a su primo sólo a raíz de sus cartas? Explique su respuesta. ¿Es posible enamorarse de alguien por correspondencia? ¿Cómo?

9. Explique lo que dice la autora en la página 78, «Se sentía burlada... carne y hueso.» ¿Qué puede sospechar el lector al leer estas palabras? ¿Se puede sospechar el verdadero origen de las cartas en otra parte del cuento? ¿Dónde? Dé citas.

10. ¿Cree Ud. que Luis vivía una vida frívola? ¿Por qué?

11. ¿Qué supondría el lector que ocurriría al final del cuento? Añada unas cuantas líneas al cuento, expresando cómo cambiará la vida de todos los personajes.

12. ¿Cómo reflejan los dos cuentos leídos de Isabel Allende la idea de la mujer práctica, fuerte, independiente y capaz de dirigir su propia vida? ¿Cómo se relaciona esta mujer fuerte con los hombres de su mundo?

13 Los niños de los dos cuentos de Allende no tienen nombres. ¿Por qué? ¿De qué modo serían diferentes si tuvieran nombres?

IV. VOCABULARIO

The following words are taken from the glossed vocabulary in the chapter. Fill in the blanks in each sentence with the words that best complete the meaning of the sentence. You may have to change the form of some words, i.e., adjectives must agree with their nouns, verbs may have to be conjugated, nouns may be plural.

soportar, ama, bullicio, mensual, huelga, camaradería, sobre, calvo, bienes, rasgo, trasladar, cumplir, inversiones, dar a luz, mojado, sudor, aullar, viuda, a fondo, muleta, rincón, balbucear, retroceder

1. Después del accidente mi primo tenía que andar con _____.

2. A causa de la _____ de los pilotos, no podíamos visitar a nuestros abuelos en la Florida.

3. Decidí _____ mi dinero a otro banco para recibir mejor interés.

4. Como no teníamos paraguas, llegamos a casa completamente _____.

5. El profesor impaciente no puede _____ la mala conducta de sus alumnos.

6. Mañana hay examen; tengo que saber los verbos _____.

7. El pobre perro enfermo _____ toda la tarde en el patio.

8. Hay que _____ dos o tres pasos para dejar pasar los coches.

9. Ayer recibí un _____ que contenía un cheque de mi tío.

10. Tras la muerte de nuestro tío, tuvimos que calcular sus _____.

11. Durante la hora de recreo de los niños, se oía mucho _____.

12. El hombre rico tuvo que consultar a un experto para ayudarle con sus
_____.

13. ¿Cuántos años _____ tu hermana ayer?

14. Después de correr durante tanto tiempo, mi madre estaba llena de
_____.

15. En un _____ de mi cuarto está el televisor.

16. Mis padres mandan un cheque _____ a mi hermano que está
en la universidad.

17. A la muerte de su marido, la pobre _____ quedó sin dinero.

18. Esa estatua tiene _____ muy bonitos.

19. Esta mañana mi mamá _____ a un bebé de siete libras.

20. En nuestra escuela hay mucha _____ entre los alumnos y los
profesores.

Camilo José Cela

The Nobel Prize winner (1989), Camilo José Cela, was born in the town of Iria Flavia, in the province of La Coruña, in Spain, May 11, 1916. In all of his works he puts emphasis on the social element. And if there is sadness and pessimism in his works, it is because they exist in life itself. Cela has said that neither life nor man is good. According to Cela, only suffering exists, not charity, and it is the duty of the author to reflect the real world in his works and not create fantasies about life and man. He observes what is around him and describes it with all its ugliness. With respect to style, Cela is a master at language. He is more interested in his characters than the plot. And these characters are usually ordinary people with daily-life problems.

Jacinto Contreras recibe su paga extraordinaria deals with a man of the lower middle class of Madrid, who works for the government, and his feelings of joy when he receives his Christmas bonus. Why is he so happy? During the whole year he hardly earns enough to live on, and as happens to so many families at this level of life, he lives more on credit than on what he actually possesses. Jacinto Contreras lives in a world of a poor worker's dreams which can easily be destroyed by cruel reality. And, as you read the story, you will see how Jacinto becomes a victim of this reality.

Jacinto Contreras recibe su paga extraordinaria

A Jacinto Contreras, en la **Diputación**, le habían dado la **paga extraordinaria** de Navidad. A pesar de que la esperaba, Jacinto Contreras se puso muy contento. Mil doscientas pesetas, aunque sean con descuento, **a nadie le vienen mal**.

—Firme usted aquí.

—Sí, señor.

Jacinto Contreras, con sus **cuartos** en el bolsillo, estaba **más contento que unas pascuas**. ¡Qué alegría se iba a llevar la Benjamina, su señora, que la pobre era tan **hacendosa**! Jacinto Contreras, mientras caminaba, **iba echando sus cuentas**: tanto para unas medias para la Benjamina, que la pobre tiene que decir que no tiene frío; tanto para unas botas para Jacintín, para que sus compañeros de **colegio** no le pregunten **si no se moja**; tanto para una camiseta de abrigo para él, a ver si así deja de toser **ya de una vez** (las zapatillas ya se las comprará más adelante); tanto para un **besugo** (gastarse las pesetas en un pavo, a como están, sería una insensatez sin sentido común), tanto para **turrón**, tanto para **mazapán**, tanto para esto, tanto para lo otro, tanto para lo de más allá, y aún **sobraba** dinero. Esto de las pagas extraordinarias está muy bien **inventado**, es algo que está pero que muy bien inventado.

—¿Usted qué piensa de las pagas extraordinarias?

—¡Hombre, qué voy a pensar! ¡A mí esto de las pagas extraordinarias es algo que me parece que está **la mar de** bien inventado!

—Sí, **eso mismo** pienso yo.

Jacinto Contreras, para celebrar lo de la paga extraordinaria —algo que no puede **festejarse a diario**—, **se metió** en un bar y tomó un vermú.

—¿Unas **gambas a la plancha**?

diputación local government office
paga extraordinaria bonus
a nadie le vienen mal they can't hurt (they come in handy)

cuartos coins, money
más contento que unas pascuas extremely happy
hacendosa industrious
iba echando sus cuentas was figuring out his bills
colegio school
si no se moja whether or not he'll get wet
ya de una vez once and for all
besugo red porgy (kind of fish)
turrón...mazapán candies made with almonds
sobraba was left over
inventado created by man

la mar de extremely

eso mismo that very same thing

festejarse a diario be celebrated every day
se metió entered
gambas a la plancha grilled shrimp

—No, gracias, **déjelo usted.**

A Jacinto Contreras **le hubiera gustado** tomarse unas gambas a la plancha, olerlas a ver si estaban frescas, pelarlas **parsimoniosamente,** cogerlas **de la cola** y, ¡zas!, a la boca, masticarlas despacio, tragarlas **entornando** los ojos...

—No, no, déjelo...

El chico del mostrador se le volvió.

—¿Decía algo, caballero?

—No, no, nada..., muchas gracias..., ¡je, je!..., hablaba solo, ¿sabe usted?

—¡Ah, ya!

Jacinto Contreras sonrió.

—¿Qué le debo?

En la calle hacía frío y caía un **aguanieve** molesto y **azotador.** Por la Navidad suele hacer siempre frío, es la costumbre. Jacinto Contreras, en la calle, se encontró con su paisano Jenaro Viejo Totana, que trabajaba en la **Fiscalía de Tasas.** Jenaro Viejo Totana estaba muy contento porque había cobrado su paga extraordinaria.

—¡Hombre, qué **casualidad!** Yo también acabo de cobrarla. Jenaro Viejo y Jacinto Contreras se metieron en un bar a celebrarlo. Jacinto Contreras, al principio, opuso cierta **cautelosa** resistencia, tampoco muy convencida.

—Yo tengo algo de prisa... Además, la verdad es que yo ya me tomé un vermú...

—¡Venga, hombre! **Porque te tomes otro** no pasa nada.

—Bueno, si **te empeñas.**

Jenaro Viejo y Jacinto Contreras se metieron en un bar y pidieron un vermú cada uno.

—¿Unas gambas a la plancha?

—No, no, déjelo usted.

Jenaro Viejo era más gastador que Jacinto Contreras; Jenaro Viejo estaba soltero y **sin compromiso** y podía permitirse ciertos lujos.

—Sí, hombre, sí. ¡Un día es un día! ¡Oiga, **ponga usted un par de raciones** de gambas a la plancha!

El camarero se volvió hacia la cocina y se puso una mano en la oreja para gritar.

—¡**Marchen,** gambas plancha, dos!

Cuando llegó el momento de pagar, Jenaro Viejo **dejó que Jacinto Contreras se retratase.**

—Y ahora va la mía. ¡Chico, otra ronda de lo mismo!

—¡**Va en seguida!**

Al salir a la calle, Jacinto Contreras se despidió de Jenaro Viejo y se metió en el metro, que **iba** lleno de gente. En el metro no se pasa frío, lo malo es al salir. Jacinto Contreras

---

déjelo usted no thank you
le hubiera gustado he would have liked
parsimoniosamente sparingly
de la cola by the tail
entornando half-closing

aguanieve sleet
azotador lashing

Fiscalía de Tasas Office Treasurer of Standards

casualidad coincidence

cautelosa cautious

porque te tomes otro if you have another one
te empeñas you insist

sin compromiso without commitment, free

ponga usted un par de raciones put on a couple of portions

marchen get going
dejó que Jacinto Contreras se retratase he let Jacinto Conteras cough up (pay for this round)
¡Va en seguida! Coming right up!
iba was

miró para la gente del metro, que era muy rara e iba como triste; se conoce que no habían cobrado la paga extraordinaria; sin cuartos en el bolsillo no hay quien esté alegre.

—Perdone.

—Está usted perdonado.

Al llegar a su casa, Jacinto Contreras no sacó el **llavín**: prefirió **tocar** «**una copita de ojén**» **en el timbre**. A Jacinto Contreras salió a abrirle la puerta su señora, la Benjamina Gutiérrez, **natural** de Dimiel, que la pobre era tan buena y tan hacendosa y nunca se quejaba de nada.

—¡Hola, Jack!

La Benjamina, cuando eran novios, había estado una vez viendo una película cuyo protagonista se llamaba Jack, que ella creía que significaba Jacinto en inglés. Desde entonces siempre llamaba Jack a Jacinto.

—¡Hola, **bombón**!

Jacinto Contreras era muy cariñoso y solía llamar bombón a la Benjamina, aunque la mujer tenía una conjuntivitis crónica que la estaba dejando sin **pestañas**.

—He cobrado la paga extraordinaria.

La Benjamina sonrió.

—Ya lo sabía.

—¿Ya lo sabías?

—Sí; se lo pregunté a la Teresita por teléfono.

La Benjamina puso un gesto **mimoso** y volvió a sonreír.

—Mira, ven a la **camilla**, ya verás lo que te he comprado.

—¿A mí?

—Sí, a ti.

Jacinto Contreras se encontró al lado del **brasero** con un par de zapatillas nuevas, **a cuadros marrones**, muy elegantes.

—¡Amor mío! ¡Qué buena eres!

—No, Jack, el que eres bueno eres tú... Te las compré porque tú no te las hubieras comprado jamás... Tú no miras nunca por ti... **Tú no miras más que por** el niño y por tu mujercita...

Jacinto Contreras puso la radio y **sacó a bailar** a su mujer.

—Señorita, ¿quiere usted bailar con un joven que va con buenas intenciones y que **estrena** zapatillas?

—¡Tonto!

Jacinto Contreras y la Bejamina bailaron, a los **acordes** de la radio, el bolero Quizás, que es tan sentimental. La Benjamina, con la cabeza **apoyada** en el **hombro** de su marido, **iba llorando**.

La comida fue muy alegre y de postre tomaron **melocotón en almíbar**, que es tan rico. La Bejamina, **a cuenta de**

miró para la gente
  looked around at the
  people

Perdone Excuse me

llavín the little key
  (latchkey)
tocar una copita de
  ojén en el timbre to
  ring the bell gently
  seven times
natural native

bombón "sweetheart"

pestañas eyelashes

mimoso pampering
camilla table with
  heater (brasero) un-
  derneath

brasero heater (metal
  receptacle for burning
  fuel to heat a room)
a cuadros marrones
  maroon checked

tú no miras más que
  por you only look
  after
sacó a bailar pulled out
  to dance
estrena is wearing for
  the first time

acordes tunes

apoyada resting
hombro shoulder
iba llorando was crying
melocotón en almíbar
  peach in natural syrup
a cuenta de counting on

la paga extraordinaria, había hecho unos pequeños excesos **al fiado**.

—Y ahora te voy a dar café.

—¿Café?

—Sí, hoy, sí.

Mientras tomaban café, Jacinto Contreras, con el **bolígrafo, fue apuntando.**

—Verás: unas medias para ti, cincuenta pesetas.

—¡No seas loco, **las hay** por treinta y cinco!

—Bueno, déjame. Una barra de los labios, con tubo y todo, otras cincuenta.

—**Anda**, sigue, los hay por treinta y duran lo mismo.

—Déjame seguir. **Llevamos** cien. Unas botas para el Jacintín, lo menos doscientas. **Van trescientas**. Una camiseta de abrigo para mí, cuarenta pesetas... Hasta lo que me dieron, menos el descuento y los dos vermús que me tomé... ¡Tú verás! Queda para el besugo, para turrón, para mazapán, para todo, ¡y aún nos sobra!

Jacinto Contreras y la Bejamina se sentían casi **poderosos**.

—¿Hay más café?

—Sí.

Jacinto Contreras, después de tomarse su segundo café, **palideció**.

—¿Te pasa algo?

—No, no...

Jacinto Contreras se había tocado el bolsillo de los cuartos.

—¿Qué tienes, Jack?

—Nada, no tengo nada...

La cartera donde llevaba el dinero —una cartera que le había regalado la Benjamina con **las sobras** de la paga de Navidad del año pasado— no estaba en su sitio.

—¿Qué pasa, Jack? ¿Por qué no hablas?

Jacinto Contreras **rompió a sudar**. Después besó tiernamente a la Benjamina. Y después, con la cabeza entre las manos, rompió a llorar.

Hay gentes sin conciencia, capaces de **desbaratar** los más honestos sueños de la Navidad: comprarle unas medias a la mujer y unas botas al niño, comer besugo, tomar un poco de turrón de postre, etc.

Fuera, el aguanieve se había convertido en nieve y, a través de los **cristales**, los **tejados** y los árboles **se veían** blancos como en las novelas de Tolstoi...

Glosses (right margin):

al fiado on credit

bolígrafo ball-point pen
fue apuntando was marking

las hay there are some

Anda Come on

llevamos we've calculated
van trescientas that's three hundred

poderosos rich

palideció he became pale

las sobras what was left over

rompió a sudar broke into a sweat

desbaratar undo

cristales window panes
tejados roofs
se veían seemed

I. PREGUNTAS DE OPCIÓN MÚLTIPLE

Escoja la mejor opción para contestar la pregunta o completar la oración.

1. Al principio del cuento, Jacinto se sentía contento porque
   a) había obtenido un nuevo empleo.
   b) era época de Navidad.
   c) iba a casarse pronto.
   d) había recibido una suma de dinero.

2. Después de recibir su paga, Jacinto calculaba
   a) el dinero con que iba a comprar regalos para su familia.
   b) lo que iba a pagar a su amigo Jenaro.
   c) lo que tenía que dar a los pobres.
   d) el dinero que necesitaría para hacer un viaje.

3. ¿Qué tenían en común Jacinto y su amigo Jenaro?
   a) Ambos habían recibido la paga extraordinaria.
   b) Los dos trabajaban en el mismo lugar.
   c) Los dos estaban casados.
   d) Les gustaba gastar mucho dinero.

4. Al llegar a casa, Jacinto Contreras
   a) sacó su llave para abrir la puerta.
   b) empujó la puerta con fuerza.
   c) tocó el timbre dulcemente.
   d) llamó a voces a su esposa.

5. La Benjamina le llamaba Jack a Jacinto porque
   a) encontraba muy cariñoso ese nombre.
   b) Jack era el nombre de un actor famoso.
   c) ese nombre se parecía al nombre de su marido.
   d) ella había tenido un novio que se llamaba así.

6. ¿Cómo sabía la Benjamina que Jacinto había cobrado su paga extraordinaria?
   a) Él mismo se lo había contado por teléfono.
   b) Una amiga se lo había contado.
   c) Lo había oído en la radio.
   d) Ella lo había adivinado.

7. Al hablar de sus futuras compras, ¿por qué se sintieron Jacinto y su esposa «casi poderosos»?
   a) Se dieron cuenta de que no necesitarían gastar todo el dinero.
   b) Jacinto iba a recibir un aumento en su sueldo.
   c) Creían que iban a ganar la lotería.
   d) Nunca habían tenido tanto dinero.

8. ¿Qué le pasó a Jacinto después de tomarse su segundo café?
   a) Se dio cuenta de que le faltaba su cartera.
   b) Se puso gravemente enfermo.
   c) Vio que su hijo había desaparecido.
   d) Tuvo ganas de bailar con su esposa.

II. PREGUNTAS SOBRE EL CONTENIDO

1. ¿Dónde trabaja Jacinto Contreras?

2. ¿Quién era la Benjamina?

3. ¿Qué opinión tenía Jacinto acerca de la paga extraordinaria?

4. ¿Cómo iba Jacinto a celebrar lo de la paga extraordinaria?

5. ¿Qué habría preferido hacer Jacinto?

6. ¿En qué época del año tiene lugar este cuento?

7. ¿Dónde se encontraron los dos amigos?

8. ¿Cómo decidieron los dos amigos celebrar lo de la paga extraordinaria?

9. ¿Por qué podía permitirse ciertos lujos Jenaro Viejo Totana?

10. ¿Quién pagó la segunda ronda en el bar?

11. ¿Adónde fue Jacinto al salir del bar?

12. ¿Qué le compró la Benjamina a Jacinto? ¿Por qué?

13. ¿Al ritmo de qué canción bailaron Jacinto y su esposa?

14. ¿Qué tomaron de postre?

15. ¿Solían los dos tomar café con la comida? ¿Cómo se sabe?

16. ¿Qué empezó Jacinto a calcular mientras tomaba café?

17. ¿Cómo había obtenido Jacinto su cartera?

18. ¿Cómo reaccionó Jacinto ante el robo de su cartera?

III. PREGUNTAS PARA LA DISCUSIÓN

1. ¿Por qué puso Jacinto la radio y sacó a bailar a su esposa? ¿Qué nos dice esto acerca de la vida de ellos?

2. ¿Hay algo significativo en el título de la canción? ¿Cuál es?

3. ¿Qué representa la paga extraordinaria en la vida de un empleado español? ¿Cuál es el equivalente a esta paga en los Estados Unidos?

4. En el metro Jacinto Contreras dice que...«sin cuartos en el bolsillo no hay quien esté alegre». (p. 93) ¿Está Ud. de acuerdo con él? ¿Por qué?

5. ¿En qué parte del cuento alude el autor al robo de la cartera? ¿Cómo y cuándo cree Ud. que Jacinto perdió su cartera?

6. En su opinión, ¿iba Jacinto Contreras a usar bien el dinero o iba a ser frívolo? Justifique su respuesta.

7. En este cuento el autor se refiere a varias costumbres de la vida madrileña de la clase trabajadora. ¿Cuáles son? ¿En qué se parecen o se diferencian de las costumbres de nuestro país?

8. Uno de los aspectos más importantes de las obras de Cela es la riqueza del lenguaje. Cite Ud. ejemplos del lenguaje popular y del uso de modismos.

9. ¿Por qué contestó Jacinto Contreras «Nada, no tengo nada» cuando su mujer, viendo que se había puesto pálido, le preguntó «¿Qué tienes, Jack?» (p. 94)

10. El cuento concluye con una descripción de una noche fría y de nieve. ¿Cómo refleja tal escena el estado de ánimo de Jacinto al final del cuento?

11. Cuando Jacinto Contreras está a solas en el bar, Cela dice: «A Jacinto Contreras le hubiera gustado tomarse unas gambas a la plancha, olerlas a ver si estaban frescas, pelarlas parsimoniosamente, cogerlas de la cola y, ¡zas! a la boca, masticarlas despacio, tragarlas entornando los ojos...» (p. 92) ¿Por qué no se para después de decir «A Jacinto... gambas a la plancha»? ¿Qué efectos produce el resto de la frase?

12. ¿Quisiera Ud., el lector (la lectora), añadir uno o dos párrafos al cuento para darle un final original? ¿Cuál sería este final?

IV. VOCABULARIO

The following words are taken from the glossed vocabulary of the chapter. Fill in each blank with a word that best completes the meaning of the sentence. You may have to change the form of some words, i.e., adjectives must agree with their nouns, verbs may have to be conjugated, nouns may be plural.

hacendoso, colegio, besugo, cola, casualidad, compromiso, ración, natural, estrenar, melocotón, bolígrafo, sobras, cristal, sudar, zapatilla, tejado, al fiado, hombro

1. Hace tanto calor hoy que empiezo a _____.
2. Mi tía siempre limpia la casa; es tan _____.
3. Porque su hija estaba cansada, su padre la llevaba en los _____.
4. Los _____ de las casas estaban cubiertos de nieve.
5. Mi perro siempre mueve la _____ cuando quiere comer.
6. En ese _____ hay muy buenos profesores.
7. Necesito firmar un cheque, préstame tu _____.
8. Esta noche voy a _____ mi chaqueta nueva.
9. ¡Tú por aquí! ¡Qué _____!
10. Camarero, tráigame otra _____ de gambas, por favor.
11. Esta noche estoy sin _____. Vamos a salir juntos.
12. Una piedra rompió el _____ de la ventana.
13. Al entrar en la casa, me quito los zapatos y me pongo _____.
14. No tenía dinero y tuve que comprar los pantalones _____.
15. El _____ es mi fruta favorita.

Juan Rulfo

Juan Rulfo was born on May 16, 1918, in the Mexican state of Jalisco. Although he published only two major works, a novel entitled *Pedro Páramo,* and a collection of short stories called *El llano en llamas,* he merits a special place in contemporary Latin American literature. Rulfo writes from personal experience and from stories related to him by the people of his native province. One of his recurring themes is death. His language is direct, and even blunt at times. His dialogues reflect the spontaneity of the regional dialect of his fellow men.

No oyes ladrar los perros is taken from Rulfo's collection of short stories, all of which describe the harshness of life among the poor people of his native Jalisco and their intimate relationship with nature. The title of the story reflects the Mexican custom of turning out all lights by eleven o'clock at night in poor small towns. Therefore, the only way in which a stranger could find the town was by the all-night barking of the dogs. As you read the story, you will see a very intense struggle between father and son, which becomes heightened as they are looking for one of these towns.

No oyes ladrar los perros

—Tú que vas allá arriba, Ignacio, dime si no oyes alguna señal de algo o si ves alguna luz en alguna parte.

—No se ve nada.

—Ya debemos estar cerca.

—Sí, pero no se oye nada.

—Mira bien.

—No se ve nada.

—Pobre de ti, Ignacio.

La sombra larga y negra de los hombres siguió moviéndose de arriba a abajo, **trepándose** a las piedras, disminuyendo y creciendo **según** avanzaba por la **orilla del arroyo**. Era una sola sombra, **tambaleante**.

La luna venía saliendo de la tierra, como una **llamarada redonda**.

—Ya debemos estar llegando a ese pueblo, Ignacio. Tú que llevas las **orejas de fuera**, fíjate a ver si no oyes ladrar los perros. Acuérdate que nos dijeron que Tonaya estaba **detrasito** del monte. Y **desde qué horas** que hemos dejado el monte. Acuérdate, Ignacio.

—Sí, pero no veo **rastro** de nada.

—Me estoy cansando.

—Bájame.

El viejo **se fue reculando** hasta encontrarse con el **paredón** y **se recargó** allí, sin soltar la carga de sus hombros. Aunque **se le doblaban las piernas**, no quería sentarse, porque después no hubiera podido levantar el cuerpo de su hijo, al que **allá atrás**, horas antes, le habían ayudado a **echárselo a la espalda**. Y así lo había traído desde entonces.

—¿Cómo te sientes?

—Mal.

Hablaba poco. Cada vez menos. En ratos parecía dormir. En ratos parecía tener frío. Temblaba. Sabía cuándo

trepándose climbing

según according to the way

orilla del arroyo bank of the stream

tambaleante staggering

llamarada redonda round blaze

orejas de fuera uncovered ears

detrasito just behind

desde qué horas it's been so many hours

rastro trace

se fue reculando was backing up little by little

paredón thick wall

se recargó he recharged himself

se le doblaban las piernas his legs were doubling over

allá atrás back there

echárselo a la espalda put him on his back

le agarraba a su hijo el temblor por las **sacudidas** que le daba, y porque los pies **se le encajaban** en los **ijares** como **espuelas**. Luego las manos del hijo, que traía **trabadas en su pescuezo, le zarandeaban la cabeza como si fuera una sonaja.**

Él apretaba los dientes para no morderse la lengua y cuando acababa aquello le preguntaba:

—¿Te duele mucho?

—Algo —contestaba él.

Primero le había dicho: «**Apéame** aquí... Déjame aquí... Vete tú solo. Yo te alcanzaré mañana o **en cuanto me reponga un poco.**» Se lo había dicho como cincuenta veces. Ahora ni siquiera eso decía.

Allí estaba la luna. Enfrente de ellos. Una luna grande y **colorada** que les llenaba de luz los ojos y que **estiraba** y oscurecía más su sombra sobre la tierra.

—No veo ya por dónde voy —decía él.

Pero nadie le contestaba.

El otro iba **allá arriba**, todo iluminado por la luna, con su cara descolorida, sin sangre, reflejando una luz opaca. Y él acá abajo.

—¿No me oíste, Ignacio? Te digo que no veo bien.

Y el otro se quedaba callado.

Siguió caminando, **a tropezones. Encogía** el cuerpo y luego **se enderezaba** para volver a tropezar de nuevo.

—Éste no es ningún camino. Nos dijeron que detrás del **cerro** estaba Tonaya. Ya hemos pasado el cerro. Y Tonaya no se ve, ni se oye ningún ruido que nos diga que está cerca. ¿Por qué no quieres decirme que ves, tú que vas allá arriba, Ignacio?

—Bájame, padre.

—¿Te sientes mal?

—Sí.

—Te llevaré a Tonaya **a como dé lugar**. Allí encontraré **quien te cuide.** Dicen que allí hay un doctor. Yo te llevaré con él. Te he traído cargando desde hace horas y no te dejaré tirado aquí **para que acaben contigo quienes sean.**

Se tambaleó un poco. Dio dos o tres pasos de lado y volvió a enderezarse.

—Te llevaré a Tonaya.

—Bájame.

Su voz **se hizo quedita**, apenas murmurada:

—Quiero acostarme un rato.

—Duérmete allí arriba. Al cabo **te llevo bien agarrado.**

La luna iba subiendo, casi azul, sobre un cielo claro. La

---

sacudidas shakings
se le encajaban were closing in
ijares flanks
espuelas spurs
trabadas en su pescuezo seizing his neck
le... sonaja were shaking his head as if it were a rattle

apéame let me down
en cuanto me reponga un poco as soon as I'm a little better

colorada red
estiraba stretched

allá arriba up there (on his shoulders)

a tropezones falteringly
encogía he would curl up
se enderezaba he would straighten up
cerro hill

a como dé lugar no matter what
quien te cuide someone to take care of you
para que acaben...sean so that just anyone can finish you off

se hizo quedita became very still

te llevo bien agarrado I'll grasp you tightly

cara del viejo, mojada en sudor, se llenó de luz. Escondió los ojos para no mirar de frente, ya que no podía **agachar** la cabeza **agarrotada** entre las manos de su hijo.

—Todo esto que hago, **no lo hago por usted**. Lo hago por su **difunta** madre. Porque usted fue su hijo. Por eso lo hago. Ella me **reconvendría si yo lo hubiera dejado tirado allí**, donde lo encontré, y no lo hubiera recogido para llevarlo a que lo curen, como estoy haciéndolo. Es ella la que me **da ánimos**, no usted. Comenzando porque a usted **no le debo más que** puras dificultades, puras mortificaciones, puras vergüenzas.

Sudaba al hablar. Pero el viento de la noche le secaba el sudor. Y sobre el sudor seco, volvía a sudar.

—**Me derrengaré**, pero llegaré con usted a Tonaya, para que le alivien esas heridas que le han hecho. Y estoy seguro de que, en cuanto se sienta usted bien, **volverá a sus malos pasos**. Eso ya no me importa. Con tal que se vaya lejos, donde yo no vuelva a saber de usted. Con tal de eso... Porque para mí usted ya no es mi hijo. He maldecido la sangre que usted tiene de mí. La parte que a mí me tocaba la he maldecido. He dicho: «**¡Que se le pudra en los riñones la sangre que yo le di!**» Lo dije desde que supe que usted **andaba trajinando** por los caminos, viviendo del robo y matando gente... Y gente buena. Y si no, allí está mi **compadre** Tranquilino. El que lo **bautizó** a usted. El que le dio su nombre. A él también le tocó la mala suerte de encontrarse con usted. Desde entonces dije: «Ése no puede ser mi hijo.»

—Mira a ver si ya ves algo. O si oyes algo. Tú que puedes hacerlo desde allá arriba, porque yo me siento sordo.

—No veo nada.

—Peor para ti, Ignacio.

—Tengo sed.

—**¡Aguántate!** Ya debemos estar cerca. Lo que pasa es que ya es **muy noche** y **han de haber apagado** la luz en el pueblo. Pero al menos debías de oír si ladran los perros. **Haz por oír.**

—Dame agua.

—Aquí no hay agua. No hay más que piedras. Aguántate. Y **aunque la hubiera**, no te bajaría a tomar agua. Nadie me ayudaría a subirte otra vez y yo solo no puedo.

—Tengo mucha sed y mucho sueño.

—Me acuerdo cuando naciste. Así eras entonces. Despertabas con hambre y comías para volver a dormirte. Y tu madre te daba agua, porque ya te habías acabado la leche de

agachar lower
agarrotada bound
no lo hago por usted I'm not doing it for you (Note change from *tú* to *usted*.)
difunta dead
reconvendría would reprimand
si yo lo... allí if I had left you lying there (lo=you)
da ánimos encourages
no le debo más que I owe you only
me derrengaré I'll cripple myself
volverá a sus malos pasos you'll go back to your bad ways
que se le pudra... le di May the blood I gave you rot in your kidneys
andaba trajinando you were bustling around
compadre (Ignacio's) godfather (also, companion, buddy)
bautizó baptized
aguántate hold on
muy noche very late
han de haber apagado they must have turned off
haz por oír try to hear
aunque la hubiera even if there were(water)

ella. **No tenías llenadero.** Y eras muy rabioso. Nunca pensé que con el tiempo **se te fuera a subir aquella rabia a la cabeza**... Pero así fue. Tu madre, **que descanse en paz, quería que te criaras fuerte.** Creía que cuando tú crecieras irías a ser su sostén. No te tuvo más que a ti. El otro hijo que iba a tener la mató. Y tú **la hubieras matado** otra vez si ella estuviera viva **a estas alturas.**

Sintió que **el hombre aquel** que llevaba sobre sus hombros dejó de apretar las rodillas y comenzó a soltar los pies, balanceándolos de un lado a otro. Y le pareció que la cabeza, allá arriba, se sacudía **como si sollozara.**

Sobre su cabello sintió que caían gruesas gotas, como de lágrimas.

—¿Lloras, Ignacio? Lo hace llorar a usted el recuerdo de su madre, ¿verdad? Pero nunca hizo usted nada por ella. Nos pagó siempre mal. Parece que, en lugar de cariño, **le hubiéramos retacado el cuerpo de maldad.** ¿Y ya ve? Ahora lo han herido. ¿Qué pasó con sus amigos? Los mataron a todos. Pero ellos no tenían a nadie. Ellos bien hubieran podido decir: «No tenemos a quién darle nuestra lástima.» ¿Pero usted, Ignacio?

Allí estaba ya el pueblo. Vio brillar los tejados bajo la luz de la luna. Tuvo la impresión de que lo aplastaba el peso de su hijo al sentir que **las corvas se le doblaban** en el último esfuerzo. Al llegar al primer **tejabán, se recostó sobre el petril de la acera** y soltó el cuerpo, **flojo, como si lo hubieran descoyuntado.**

Destrabó difícilmente los dedos con que su hijo había venido sosteniéndose de su cuello y, al quedar libre, oyó cómo por todas partes ladraban los perros.

—¿Y tú no los oías, Ignacio? —dijo—. No me ayudaste ni siquiera con esta esperanza.

═══════════

no tenías llenadero you couldn't be filled up (you never had enough)
se te... cabeza that rage could go to your head
que descanse en paz may she rest in peace
quería que te criaras fuerte wanted you to grow up strong
la hubieras matado you would have killed her
a estas alturas at this time
el hombre aquel that man
como si sollozara as if he were sobbing
le hubiéramos... maldad we had filled your body with evil

las corvas se le doblaban the backs of his knees were doubling over
tejabán dwelling
se recostó... acera he rested against the curb of the sidewalk
flojo como si... descoyuntado limp, as if they had dislocated it
destrabó he loosened

I. PREGUNTAS DE OPCIÓN MÚLTIPLE

Escoja la opción que mejor conteste la pregunta o complete la oración.

1. El hijo le seguía pidiendo al padre
   a) que dejara de llevarlo sobre sus hombros.
   b) que le encontrara un médico.
   c) que le buscara algo de comer.
   d) que escuchara los ladridos de los perros.

2. ¿Por qué no quería sentarse el padre?
   a) Quería seguir porque no estaba cansado.
   b) Al fin estaba seguro de que su hijo no iba a caerse.
   c) Tenía miedo de encontrarse con un animal feroz.
   d) Sabía que iba a llegar pronto al pueblo.

3. ¿Cómo había muerto la madre de Ignacio?
   a) Ignacio mismo la había matado.
   b) Tuvo un accidente en la cocina de su casa.
   c) Padeció una enfermedad grave.
   d) El nacimiento del hermano de Ignacio la mató.

4. ¿Cómo había actuado Ignacio con sus padres?
   a) Los trataba de mal modo.
   b) Los invitaba a viajar con él.
   c) Siempre les mandaba dinero.
   d) Los visitaba con frecuencia.

II. PREGUNTAS SOBRE EL CONTENIDO

1. ¿Qué le preguntó el padre a su hijo al principio del cuento?

2. ¿Adónde iban los dos? ¿Por qué?

3. ¿Cómo se llama el hijo?

4. ¿Era de día o de noche? ¿Cómo se sabe?

5. ¿Quién había animado al padre a llevar a su hijo a Tonaya?

6. ¿Quería el padre de veras ayudar a su hijo? ¿Cómo se sabe?

7. ¿De qué estaba seguro el padre con respecto a su hijo?

8. ¿Qué tipo de persona era Ignacio?

9. ¿Cómo sabía el padre que llegaban al pueblo?

10. ¿Oyó Ignacio los ladridos de los perros? ¿Cómo se sabe?

III. PREGUNTAS PARA LA DISCUSIÓN

1. En varias partes del cuento, el padre, al hablar a su hijo, cambia de «tú» a «usted». Identifique Ud. los trozos y diga por qué lo hace el padre en cada situación.

2. ¿Qué significado tienen las palabras en la página 103? «Lo que pasa es que ya es muy noche y han de haber apagado la luz en el pueblo. Pero al menos debías de oír si ladran los perros. Haz por oír.» ¿De qué costumbre se habla aquí? ¿Por qué cree Ud. que apagan las luces a cierta hora de la noche?

3. ¿Cree Ud. que Ignacio haya muerto al final del cuento? Explique su respuesta. ¿Cómo será o sería la vida de Ignacio después de esa noche?

4. En su opinión, ¿amaba el padre a su hijo? Explique Ud. su respuesta y dé citas del cuento para confirmar su opinión.

5. ¿Tiene el cuento un título apropiado? ¿Por qué?

6. El tema de la muerte aparece con frecuencia en las obras de Rulfo. ¿Dónde se ve en este cuento?

7. En la página 103 el padre dice, «Me derrengaré, pero llegaré con usted a Tonaya, para que le alivien esas heridas que le han hecho. Y estoy seguro de que, en cuanto se sienta bien, volverá a sus malos pasos.» En otra parte del cuento el autor alude al origen de estas heridas que su hijo ha recibido. ¿Dónde lo dice? En su opinión, ¿cuáles fueron las circunstancias en que Ignacio fue herido? ¿Siente Ud. lástima por Ignacio? ¿Por qué? ¿Cree Ud. que el padre tenga razón al decir «...volverá a sus malos pasos» ? ¿Por qué?

8. Añada varios párrafos al cuento, discutiendo qué le pasará o pasaría al padre y cómo será o sería su vida en el futuro.

IV. VOCABULARIO

The following words are taken from the glossed vocabulary of the chapter. Fill in each blank with a word that best completes the meaning of the sentence. You may have to change the form of some words, i.e., adjectives must agree with their nouns, verbs may have to be conjugated, nouns may be plural.

trepar, orilla, rastro, paredón, espalda, allá arriba, enderezarse, cerro, cuidar, quedito, compadre, bautizar, apagar, criarse, sollozar, acera, recostarse, flojo

1. La madre le dijo a su hijo que él tendría que _____ la luz a las once.

2. Hay que esperar en la _____ hasta que pasen todos los coches.

3. El pobre viejo tuvo que _____ en el banco porque estaba muy cansado.

4. Desde la _____ del río se puede ver el otro lado.

5. No hay ningún _____ del ladrón que robó nuestra casa.

6. Mi _____ Juan y yo somos viejos amigos.

7. ¿Quién _____ a tus hijos cuando vas al trabajo?

8. El padre llevaba a su hija en la _____.

9. La chica empezó a _____ cuando vio su mala nota en el examen.

10. Mis abuelos _____ en Puerto Rico y después vinieron para los Estados Unidos.

11. _____ en la montaña se puede ver la casa.

12. Ayer el cura _____ a mi hija en la iglesia.

13. El chico se cayó de su bicicleta y no pudo _____ sin la ayuda de sus amigos.

14. Todos los alumnos quedaron _____ al escuchar el discurso del director.

15. Es muy difícil subir ese _____ alto.

Final Vocabulary

abrazar to embrace, to hug

abrigo *m.* shelter; overcoat; protection

aburrido bored

aburrimiento *m.* boredom

aburrir to bore; aburrirse to get bored

acabar to finish; acabar de + infin. to have just

acariciar to caress

acera *f.* sidewalk

acercarse to approach

acogida *f.* welcome

acordarse (ue) de to remember

acostado lying down

acostarse (ue) to lie down; to go to bed

actitud *f.* attitude

acudir a to come up to; to seek the aid of, to arrive

acuerdo: estar de acuerdo to agree

además (de) besides

adivinar to guess

advertencia *f.* warning

advertir (ie) to warn; to notice

afuera outside ; las afueras *f., pl.* outskirts

agarrar to grab, seize, hold

agradecer to thank, to be thankful

agradecido thankful

agregar to add

agrio sour

agujero *m.* hole

ajeno foreign, alien, detached

alcalde *m.*, alcaldesa *f.* mayor

alcance *m.* reach, range

alcanzar to reach

aldea *f.* village

aldeano, -a *m.* or *f.* villager

alejarse to move away

algo something; somewhat

alivio *m.* relief

allá there; más allá further over

alma (el) *f.* soul

almacén *m.* warehouse, department store

almendra *f.* almond

alojamiento *m.* lodging, housing

alquilar to rent

alrededor (de) around; los alrededores the surroundings, outskirts

amargo bitter

ambiente *m.* surroundings, atmosphere

ambos both

amenazar to threaten; amenaza *f.* threat

amistad *f.* friendship

amplio wide

anciano, -a *m., f.* old person

angosto narrow

animar to encourage

anochecer: al anochecer at nightfall

ante before, in front of; in the face of, with regard to

añadir to add

apagar to put out, extinguish

apartar(se) to move away, withdraw

apedrear to hit with stones or rocks

apenas hardly, scarcely

aplastar to crush

apodo *m.* nickname

apoyar to support, lean

apresuradamente in a hurry, rapidly

apresurarse a + infin. to hurry to

apretar (ie) to squeeze, press

aprobar (ue) to approve

arder to burn

arrastrar to drag

arreglar to fix, to arrange

arrojar to throw

asegurar to assure

asomarse a to look out of, to peek into

aspecto *m.* appearance

áspero harsh, rough

asunto *m.* matter, subject

asustado frightened

asustar to frighten

atar to tie

atasco obstruction, jam (traffic jam)

atraer to attract

atrapado trapped

atreverse a + infin. to dare to

audaz bold

aumentar to increase

aumento *m.* increase

aun (aún) still, yet, even

aunque although, even though

avanzar to advance, come forward

avergonzado ashamed

balbucear to stammer

banco *m.* bench; bank

barato cheap

barba *f.* beard

barco *m.* boat, ship

barra *f.* bar; barra de los labios lipstick

barrio *m.* neighborhood

barro *m.* clay

bastante enough; quite

basura *f.* garbage

baúl *m.* trunk

bendición *f.* blessing

bienes *m., pl.* wealth, possessions

bocina *f.* horn (car, etc.)

bolsillo *m.* pocket

bolso *m.* bag, pocketbook

bondadoso kind, kindly

bordado embroidered

borde *m.* edge

bosque *m.* woods

bostezar to yawn

bota *f.* boot

brazo *m.* arm

brillar to shine

brillo *m.* brightness, sparkle

brindar to toast

bronceado tanned

bullicio *m.* noise, uproar

burlar to fool, to deceive; **burlarse de** to make fun of

cabello(s) *m.* hair

cabo *m.* end; **al cabo** at last; **al cabo de** at the end of

cadenilla *f.* little chain

cajón *m.* large box, drawer

calcetín *m.* sock

caligrafía *f.* penmanship, handwriting

callado quiet

calloso full of calluses

camarero *m.* waiter

cambiar (de) to change

cambio *m.* change; **en cambio** on the other hand

camión *m.* truck

camioneta *f.* light truck

camiseta *f.* undershirt

campana *f.* bell

canasto *m.* basket

cansancio *m.* fatigue, tiredness

cansar to tire; **cansarse** to get tired

capataz *m.* foreman

capaz capable

capilla *f.* chapel

capitanear to lead

cárcel *f.* jail

carga *f.* load, burden

cargado loaded

cargar to load; to carry

cargo: **hacerse cargo de** to take charge of

cariño *m.* affection

cariñoso affectionate

carne *f.* meat, flesh

carretera *f.* road, highway

carro *m.* cart, wagon

cartera *f.* wallet

cartoncito *m.* little cardboard sign

casarse (con) to marry, get married

castigar to punish; **castigo** *m.* punishment

catarro *m.* cold (illness)

causa *f.* cause; **a causa de** because of

ceder to yield

cerco *m.* fence

cerveza *f.* beer

charco *m.* puddle

cielo *m.* sky

cierto certain, true

circular to travel (vehicles)

cita *f.* date, appointment; quote, quotation

ciudadano, -a *m., f.* citizen

claro clear; of course; **claro que sí** of course; **claro que no** of course not

clavel *m.* carnation

cliente *m., f.* customer

cobarde *m.* coward; adj. cowardly

cobrar to collect, to be paid (one's salary)

cochero *m.* coachman

cofre *m.* chest, case (for jewels)

cojear to limp

cola *f.* tail; line of people; **hacer cola** to stand in line

colegio *m.* school

colocar to place, to put

colorado red; **ponerse colorado** to blush

compañerismo *m.* kinship, camaraderie

compartir to share

cómplice *m.* or *f.* accomplice

comportamiento *m.* behavior

conductor, -ora *m., f.* driver, chauffeur

confundir to confuse

conmover (ue) to move, to touch

conseguir (consigo) to get, obtain

consuelo *m.* consolation

contar (ue) to tell; to count; **contar con** to count on, to depend on

contemplar to contemplate, to look at

contenido *m.* content

contra against

contradecir to contradict

contraer to contract

corazón *m.* heart

corregir (corrijo) to correct

correo *m.* mail

correr to run; **correrse** to move up

cortadito *m.* coffee with a little milk

cortina *f.* curtain

coser to sew

costado *m.* side

costumbre *f.* custom; **de costumbre** as usual

cotidiano daily

crecer to grow

cruzar to cross

cuadra *f.* block (street)

cualquier any

cualquiera whatever, anyone; **otro cualquiera** anyone else

cuanto: **en cuanto a** as for, with respect to; **en cuanto** as soon as

cubrir to cover

cuchara *f.* spoon; **cucharita** *f.* teaspoon

cuello *m.* neck

cuenta: **darse cuenta de** to realize

cueva *f.* cave

cuidadosamente carefully

cuidar (de) to take care of

culpa *f.* guilt, blame

cumplir to fulfill; **cumplir años** to have a birthday

cura *m.* priest

daño *m.* damage, hurt; **hacer daño** to hurt

dar to give; **darse cuenta de** to realize; **dar a luz** to give birth

deber to have to, must; to owe

definitiva: **en definitiva** definitely

dejar to leave, let; **dejar de** + infin. to stop; to fail to

delantal *m.* apron

delgado thin

demás: **los (las) demás** the rest, others

demasiado too, too much

dentro: **dentro de poco** within a short time

dependiente *m., f.* clerk

desalojado homeless

desarrollar(se) to develop

desarrollo *m.* development

desatar to untie

descenso *m.* descent

descuento *m.* discount

desde from, since; **desde que** since

desempeñar to perform; to play (a role)

desesperadamente desperately, hopelessly

desgracia *f.* misfortune

desierto deserted

desnudo naked, bare

despacho *m.* office

despacio slowly; **despacito** quite slowly; **despacioso** slow

despedir (i) to emit, to dismiss; **despedirse (i) de** to say good-bye to

despertar (ie) (se) to awaken

despierto awake

desprecio *m*. scorn, contempt

desván *m*. garret

desventaja *f*. disadvantage

detener to stop; to arrest; **detenerse** to stop

devolver (ue) to return (an object), give back

diablo *m*. devil

dibujar to to draw, to sketch

dibujo *m*. drawing, sketch

digno worthy

dirigir to direct; **dirigirse a** to direct oneself to; to address

disculpa *f*. excuse

discurso *m*. speech

discutir to discuss

disipar to dispel, drive away, to squander

disminuir (disminuyo) to diminish

disponerse a + infin. to get ready to

dispuesto ready

distinto different

divertido enjoyable, fun

doler (ue) to hurt

dolorido painful

dominio *m*. power

dueño *m*. owner

durar to last

dureza *f*. hardnes, harshness

echado stretched out

echar to throw; **echar a correr** to start running

edad *f*. age

efectivamente in fact

ejecutar to execute, to carry out

ejército *m*. army

elegir (elijo) to elect, choose

embargo: **sin embargo** however, nevertheless

enamorarse de to fall in love with

encabezar to head, to lead

encaminarse a to make one's way towards

encargarse de to take charge of

encender (ie) to light up, to turn on (lights, etc.)

encierro *m*. confinement

encima (de) above

enderezar(se) to straighten out (up)

enfermar(se) to get sick

enfrentar to face

enfurecer to infuriate, to enrage

engañar to deceive

engaño *m*. deceit

ensayar to try out; to rehearse

enseñanza *f*. teaching

entablar:**entablar relación** to establish a relationship

enterarse to find out

enterrar (ie) to bury

entierro *m*. burial

entregar to hand over, to deliver

envejecer to grow old

enviudar to become a widow (widower)

época *f*. time (of the year, etc.)

equipo *m*. team

equivocarse to be mistaken

escalofrío *m*. chill

escaso scarce

escoger to choose

esconder(se) to hide

escritura *f.* writing

esfuerzo *m.* effort

espíritu *m.* spirit

espalda back (of the body); **a mis espaldas** behind my back

espejo *m.* mirror

espera *f.* wait; **sala de espera** waiting room

esperanza *f.* hope

esperar to wait; to hope

espeso thick

esquina *f.* corner (of a street)

estacionar(se) to park

estado *m.* state; **estado de ánimo** state of mind

estampida *f.* stampede

estirar to stretch; **estirarse** to stretch out

estrella *f.* star

estuche de tocador *m.* toilet case

evitar to avoid

experimentar to experience, to feel

extranjero foreign

extrañar to surprise

extraño strange

fábrica *f.* factory

fábula *f.* fable

faena *f.* task, job

falda *f.* skirt

fantasma *m.* phantom, ghost

felicitar to congratulate

fieltro *m.* felt (material)

fijar to fix; **fijarse en** to notice

fijo fixed

fila *f.* row, rank

final *m.* end

finca *f.* farm, ranch

firmar to sign

flemático apathetic

fondo *m.* bottom; rear

fragor *m.* noise, crash, uproar

frente *f.* forehead; **de frente** straight (ahead); **frente a** in front of

fuego *m.* fire

fuera out, outside

gana desire; **de mala gana** unwillingly

garganta *f.* throat

gastador, -ora spender, spendthrift

gastar to spend (money)

gastos *m., pl.* expenses

gobierno *m.* government

golpe *m.* blow, hit, stroke; **de golpe** suddenly; **de un golpe** at one stroke

golpear to hit, strike

gota *f.* drop

gozar de to enjoy

grava *f.* gravel

gritar to shout

grueso heavy, stocky

grupa *f.* rump

guardar(se) to keep; to put away

guión *m.* script

gusto *m.* taste; pleasure

hacer to do, to make; **hacerse** to become

hacia towards; **hacia atrás** backwards; **hacia adelante** forward

hallar to find

hambriento hungry

hasta until; even; **hasta que** until

hecho *m.* fact

helado *m.* ice-cream

herida *f.* wound

herir (ie) to wound, hurt

hielo *m.* ice

hierba *f.* grass

hogar *m.* home

hombro *m.* shoulder

horizonte *m.* horizon

huérfano, huérfana *m., f.* orphan

hueso *m.* bone

huésped *m., f.* guest

huir (huyo) to flee

humilde humble

humillar to humiliate

humo *m.* smoke

idioma *m.* language

igual same; igual que the same as, just as

imponer to impose

inclinarse to bend down

indeciso indecisive

infancia *f.* childhood

infierno *m.* hell

inquieto anxious, upset, restless

insoportable unbearable

insospechado unsuspected

intentar to try, to attempt

interlocutor, -ora *m., f.* speaker; the other person being spoken to

iracundo irate, irascible

jamás never; ever

jarra *f.* pitcher, jug

juguete *m.* toy

jurar to swear

juventud *f.* youth

juzgar to judge

labio *m.* lip

lado *m.* side; al lado de next to

ladrar to bark

lágrima *f.* tear

lanzar to throw, to hurl

lástima pity

latir to beat (heart)

lentamente slowly

letra *f.* letter (of the alphabet)

ligero light (not heavy)

límite *m.* limit, boundary

lindo pretty

llamar to call; to knock (at a door); llamada *f.* call; knock

llave *f.* key; cerrar con llave to lock

llenar to fill; llenar de to fill with

lleno full; lleno de filled with

llevar to carry; to wear; to lead (a life)

llorar to cry

local *m.* place, establishment

lograr to accomplish; lograr + infin. to succeed in -ing

luego then; luego de + infin. after

lugar *m.* place; en lugar de instead of; tener lugar to take place

lujo *m.* luxury

maestro *m.* teacher; master

mal *m.* evil; adverb: badly

maldecir to curse

maleta *f.* suitcase

malvado evil, wicked

mancha *f.* stain, spot

manchar to stain

mandar to order; to send

manera *f.* way, manner; de esta manera in this way

manifestación *f*. demonstration, riot

manta *f*. blanket

mantener to maintain; to support

manzana *f*. apple; block (of houses)

maquillaje *m*. makeup

marcharse to go away

masticar to chew

matrimonio *f*. marriage, matrimony; married couple

mayor older, oldest; greater, greatest; **los mayores** adults

mayoría *f*. majority

medalla *f*. medal

media *f*. stocking

medio half; average; **en medio de** in the middle of

mejilla *f*. cheek

mejorar to improve

menor younger, youngest; lesser, least

menos less, least; minus, except; **al menos** at least

mente *f*. mind

menudo: a menudo often

mercadería *f*. merchandise

metro *m*. subway; meter

mezclar to mix

miedo *m*. fear

mimado spoiled

mimbre *m*. twig

minucioso meticulous

mismo (in front of noun: same; after noun self, himself, herself, etc.)

mitad *f*. half, middle

moda *f*. fashion

modo *m*. way; **¿de qué modo?** in what way? **de este modo** in this way; de

modo que so that; **de todos modos** at any rate

mojar to wet, moisten; **mojarse** to get wet

molesto annoying

momento: de momento for the moment

monja *f*. nun

mono *m*. monkey

montar: montar a caballo to ride horseback

montón *m*. pile

monte *m*. mountain

morder (ue) to bite

moreno dark-complexioned

mosca *f*. fly

mostrador *m*. counter

muchedumbre *f*. crowd

muleta *f*. crutch

murmullo *m*. whisper

muro *m*. wall

nacer to be born

naturaleza *f*. nature

negar (ie) to deny; **negarse a** + infin. to refuse to

negruzco blackish, dark

nevada *f*. snowfall

nieto grandchild, grandson

nota *f*. note; mark, grade

novio *m*. suitor, fiancé, groom

nube *f*. cloud

nudillo *m*. knuckle

nuevo new; **de nuevo** again

obedecer to obey

ocultar to hide, conceal; **oculto** hidden

ocupar to occupy; **ocuparse de** to worry about, to take care of

odiar to hate

odio *m.* hate, hatred

oído *m.* (inner) ear; hearing

ojalá **(que)** + subjunctive if only

oler **(huelo)** to smell

olor *m.* odor

opinar to have an opinion, to think

oponer to oppose

ordenar to order

orgulloso proud

oro *m.* gold

oscurecer to darken; to obscure

paisaje *m.* landscape, countryside

paisano *m.* countryman

palidecer to become pale

pálido pale

pañuelo *m.* handkerchief

papel *m.* paper; role

par *m.* pair; **un par de** a couple of

para for, to; **para con** towards; **para que** + subjunctive in order that

pardo brown

parecer to seem; **parecerse a** to resemble, look like; **al parecer** apparently

párrafo *m.* paragraph

parte *f.* part; **por otra parte** elsewhere, on the other hand; **en alguna parte** somewhere

partes: **por todas partes** everywhere

partido *m.* game (match)

partir to depart; to split open

pasear(se) to walk, stroll

paso *m.* step

pastel *m.* pie, cake

pavo *m.* turkey

pecho *m.* chest, breast

pedazo *m.* piece

pegar to hit

peinarse to comb one's hair

pelar to peel

pelea *f.* fight, quarrel

pena *f.* penalty, punishment; grief, trouble

penado *m.* convict

pensamiento *m.* thought

pensativo thoughful

percibir to perceive

perder **(ie)** to lose; **perderse** to get lost

perdurable lasting

permanecer to remain, stay

perseguir **(i)** to pursue

pertenecer to belong

pesado heavy

pesar: **a pesar de** in spite of

pescar to fish

peso *m.* weight

pezuña *f.* hoof

pie *m.* foot; **ponerse de (en) pie** to stand up

piedra *f.* stone

piel *f.* skin

pieza *f.* room

piña *f.* pineapple

piso *m.* floor, apartment

placer *m.* pleasure

planchar to iron, to press

poco little, few; **a poco** shortly after

poder **(ue)** to be able, can; **poder** *m.* power, possession

poltrona *f.* chair, seat

polvo *m.* dust

ponerse to put on (clothes); to become; ponerse (el sol) to set; ponerse + infin. to begin to

portal *m.* doorway

portarse to behave

postre *m.* dessert; de postre for dessert

potrero *m.* cattle ranch, pasture

prado *m.* meadow

preso prisoner, convict; ser preso to be caught

prestar to lend

principio *m.* beginning; principle; al principio at the beginning

prisa: de prisa fast, rapidly; tener prisa to be in a hurry

probar (ue) to try out, try on (clothes); to taste

pronto soon; de pronto suddenly

propio own

propósito *m.* purpose

próximo next; nearby

pudrirse to rot

puerco *m.* pig

puesta: puesta del sol *f.* sunset

puesto que since

punto point; al punto at once; estar a punto de + infin. to be about to

pupitre *m.* pupil's desk

quehacer *m.* task, job

quejarse to complain

quemar(se) to burn

querer (ie) to want, to wish; to love

quizá(s) perhaps

rabioso full of rage

rama *f.* branch

raro rare, odd

rato *m.* time, while

rayo *m.* flash of lightning

raza *f.* race (of people)

rebelde rebellious

rechazar to reject

rechazo *m.* rejection

recio thick, heavy

recobrar to recover

recoger to pick up, to take in

recorrer to go through, to run through

recuerdo *m.* remembrance, memory

recurrir a to resort to, to have recourse to, to revert to

redimir to redeem

redondo round

reemplazar to replace

refinamiento *m.* refinement

reflejar to reflect

regalar to give as a gift

regresar to return, go back, come back

repartir to distribute

reponer to reply

reprender to reproach, scold

reprochar to reprimand, to scold

resucitar to revive

retener to hold, retain

retrasar to delay, put off; retrasarse to go back

retraso *m.* delay

retrato *m.* portrait

retroceder to retreat; to back away

reunirse to get together, to meet

revolver (ue) to stir

rezar to pray

rezongar to grumble

rincón *m.* corner (of a room)

risa *f.* laugh, laughter

rodear to surround

rodilla *f.* knee; **de rodillas** on one's knees

rojizo reddish

romper to break

ron *m.* rum

ronda *f.* round

rubio blond

ruido *m.* noise

sabor *m.* taste, flavor

sacar to take out, to stick out

sacudir(se) to shake

sádico sadist, sadistic

salón *m.* large room, meeting room

saliente projecting

saltar to jump

salto *m.* jump, leap

saludable healthy

sangrar to bleed

sangre *f.* blood

secar to dry

seco dry

secuestrar to kidnap

secuestro *m.* kidnapping

seda *f.* silk

sediento thirsty

seguir (**sigo**) to continue; to follow

según according to

selva *f.* jungle

semáforo *m.* traffic signal

semejante similar

sencillo simple

sendero *m.* path

sentenciar to advise, to give an opinion

sentir(se) (ie) to feel

señal *f.* sign, signal

señalar to point out

ser *m.* being

servir (i) to serve; **servir de** to serve as

silbar to whistle

sin without; **sin que** + subjunctive without one's -ing

sino but; **sino que** + conjugated verb but

siquiera even; **ni siquiera** not even

sitio *m.* place

sobrar to be left over

sobre on, above; *m.* envelope **sobre todo** especially;

sobrino, sobrina *m., f.* nephew, niece

solar *m.* lot, ground-plot

solas: **a solas** alone

soler (ue) + infin. to be accustomed to; to generally do something

solo alone; **sólo** only

soltar (ue) to loosen, leave go

soltero single, unmarried

sombra *f.* shadow, shade

sonar (ue) to sound

sonreír (**sonrío**) to smile

sonrisa *f.* smile

soñador, -ora *m. or f.* dreamer

soñar (ue) con to dream of

sordo deaf

sorprender to surprise, **sorprenderse** to be surprised

sorpresa *f.* surprise

sospechar to suspect

sostén *m.* support

sostener to sustain, to support

suave soft

súbitamente suddenly

súbito: de súbito suddenly

suceder to happen; lo sucedido what had happened

suceso *m.* event, happening

sudar to sweat

sudor *m.* sweat; sudoroso sweaty, sweating

suelo *m.* ground, floor

sueño *m.* sleep; dream

suerte *f.* luck; fate; por suerte luckily

sugerencia *f.* suggestion

sujetar to subdue, fasten

supuesto: por supuesto of course

suspirar to sigh

suspiro *m.* sigh

sutil subtle

tal such; tal vez perhaps; con tal (de) que + subjunctive provided that

tambalearse to stagger

tampoco neither, either

tanto so much; un tanto a little

tapa *f.* top (of a pot or bottle)

tapar(se) to cover

tarea *f.* task, job

techo *m.* ceiling, roof

tejado *m.* roof

tema *m.* theme, topic

temblar (ie) to tremble

temblor *m.* trembling, tremor

temer to fear, to be afraid (of)

tendero *m.* storekeeper

teniente *m.* lieutenant

tentador tempting

tentativa *f.* attempt

terminantemente absolutely, strictly

tesoro *m.* treasure

testamento *m.* will, testament

testigo *m.* witness

tierno tender

timidez *f.* timidity, shyness

tirado stretched out

tirar to throw; to pull

tocar to touch; to play (an instrument); to ring (bell, horn, etc.)

toser to cough

tragar to swallow

traje *m.* suit, clothes

tras behind

trasladar(se) to move, to transfer

tratar to treat; tratar(se) de to deal with, to be about; tratar de + infin. to try to

trato *m.* treatment

través: a través de across, through

tristeza *f.* sadness

trozo *m.* piece, excerpt

tutor *m.* guardian

último last; por último at last

único only; únicamente only

vacilar to hesitate

vacío empty

velozmente fast, rapidly

vencer to conquer

ventaja *f.* advantage

veras: de veras really, truly

vergüenza *f.* shame

vestir(se) (i) to dress

vez *f.* time; tal vez perhaps; de vez en cuando from time to time vibrar to vibrate

vidrio *m.* glass, window pane

virtud *f.* virtue

vista *f.* view, sight

vivienda *f.* dwelling

vivo lively, alive, live

voluntad *f.* will

volver (**ue**) to return, go back; + infin. to do... again; **volverse** to turn around; to become

voz *f.* voice; **dar voces** to shout

ya already; **ya veremos** we'll soon see; **ya que** since

zapatilla *f.* slipper